One+α의 삶,
김병준의 그 사람

one+α의 삶,

김병준의

그 사람

스물한 편의,
드라마보다 더 드라마 같은…

발레리노가 되고 싶은 마음을 수십 년 숨기고 살아온 주인공, 그는 마침내 발레를 하겠다고 선언을 하고…. 인기 드라마 〈나빌레라〉의 이야기이다.

우리는 늘 다른 삶을 꿈꾼다. 기업인은 시장 경쟁 한가운데에서 화가의 꿈을 꾸고, 퇴근길의 직장인은 성공한 투자 전문가의 꿈을 꾼다. 평범한 가정주부는 아침 음악 속에서 연주자나 가수의 삶을 곁눈질하고…. 정도의 차이가 있을 뿐, 우리 모두가 〈나빌레라〉의 주인공이다.

다만 한 가지, 대부분의 우리는 감히 나서지 못한다. 이래서 못하고 저래서 못하고, 그래서 꿈은 꿈으로 얼어붙는다. 그리고 그저 가슴 한구석의 아련한 추억과 아쉬움으로 남게 된다.

하지만, 그러지 않는 사람들이 있다. 남의 나라 역사에 빠져 그것으로 베스트셀러를 쓴 정치원로, 응당 가게 되어 있는 '좋은 자리'를 두고 서당 훈장 같은 생활을 하는 전 경제부처장관, 오페라 하우스 짓고 오페라 기획자가 된 변호사 등 마음속에 가두어 두었던 또 다른 삶을 살고야 마는 사람들이 있다.

어느 순간 이들의 이야기가 듣고 싶어졌다. 제2, 제3의 삶을 향한 열정과 용기, 그리고 그에 따른 고통과 애환까지, 그 모든 것을 듣고 싶어졌다. 누구나 그러하듯 내게도 얼어붙은 꿈이 있어 더욱 그랬다.

몇 년 전 『매일신문』이 이런 마음을 받아 주었다. 하단 광고 없는 전면(全面), 격주로 1년간 이들과의 대화를 게재하게 해 주었다. 남의 인생을 듣고 글로 정리하며 내 인생을 돌아보는 시간, 참으로 고마운 일이었다. 다행히 이 기획은 꽤나 인기가 있었다.

게재를 시작하면서부터 언젠가 이를 한 권의 책으로 묶어 내겠다는 생각을 했다. 신문이 가지는 나름의 한계, 즉 지면 제약과 정치·사회적 흐름을 고려할 수밖에 없는 구조 등을 넘어서서 다시 정리해 보자는 계획이었다. 그러나 국무총리 후보로 지명을 받고, 제1야당의 비대위원장을 맡고 어찌할 틈이 없었다. 지금에야 내어놓게 되어 그저 송구할 따름이다.

모두 스물한 분, 이 중에는 이 기획과 관계없이 광복절 등 그때의 상황을 고려하여 특별히 모신 경우도 몇 분 있다. 그러나 이들 역시 큰 틀에서 보면 또 다른 삶을 사신 분들이라 그대로 포함시켰다. 또 계획에 있었으나 특별한 사정으로 신문에는 게재되지 않았던 경우도 한 분 있다. 본문을 보면 아시게 될 것이다.

이야기에 나서 준 스물한 분, 무한의 감사를 드린다. 소중한 기회를 제공해 준 『매일신문』에도 큰 감사의 말씀을 전한다. 그리고 정성을 다해서 책으로 만들어준 선출판사 김윤태 대표와 임직원들께도 격려와 응원, 그리고 감사의 말씀을 보낸다.

2021년 7월 김병준

‘

많은 사람들은
한 가지 일을 하다 은퇴를 하고,
그 후에는 별다른 일 없이 살아간다.
그러나 또 다른 사람들은
지금껏 걸어온 길이 아닌 전혀 다른 길에서
제2, 제3의 인생을 산다.
이 책에서는 이런 분들을 모셔서
이들이 만들어가는
새로운 인생을 들어보기로 한다.

’

One+α의 삶, 김병준의 그 사람

정경선

돈 버는 기업 대신
소셜벤처 이끄는 재벌 3세

우리는 모든 사람들에게
선의(善意)가 있다고 믿는다.
그 선의를 살리고,
또 그 선의에 투자할 선의도 있다고 믿는다.

Guy Kawasaki
Reality Check
강대국의 길
장사 이렇게 하면 성공한다
프로페셔널의 조건
경영이란 무엇인가
제로창업
업종별 회계와 세무실무
위대한 기업의 선택
Google
구글 스토리
MBA
Collaboration Challenge
Goal
THE BUSINESS STYLE HANDBOOK
Wisdom

정경선, 그는 현대그룹 고 정주영 회장의 손자이자 현대해상 정몽윤 회장의 외아들이다. 그는 젊다. 당연히 이 〈대담〉에 초대된 다른 분들과 달리 '제2의 인생' 등의 말이 들어갈 자리가 없다.

그럼에도 불구하고 그를 만난 것은 그가 재벌집안의 젊은이로서 응당 갈 것으로 기대되는 길, 즉 돈을 많이 버는 길로 가지 않고, 새로운 길을 가고 있기 때문이다.

그가 하고 있는 일은 '임팩트 사업' 즉 세상에 좋은 일을 하면서 돈은 돈대로 벌어 자립기반을 갖추고, 그래서 더 좋은 일을 지속적으로 할 수 있는 사업을 지원하는 일이다. 또 이런 일을 할 선의를 가진 역량 있는 '체인지 메이커(change maker)'가 나올 수 있도록 하는 일이다. 임팩트 사업을 키우는 임팩트 사업가이자, 체인지 메이커를 양성하는 체인지 메이커라 할 수 있다.

이 사업을 위해 그는 2012년, 성수동에 비영리 법인 '루트임팩트'를 창립했다. 그리고 그 이름으로 체인지 메이커의 숙식 공간인 디웰하우스(D-Well House)를 지었다. 또 오피스 빌딩 '헤이그라운드(Hey Ground)' 두 개를 지어 1천 명 이상의 체인지 메이커들에게 저렴한 비용의 공간을 제공하고 있다. 체인지 메이커 간의 학습 네트워킹을 강화, 이들의 역량을 높일 수 있는 각종의 프로그램을 운영하고 있는 것은 물론이다.

그의 '루트임팩트'가 들어선 데 힘입어 사회적 기업과 임팩트 사업이 모여 있는 '소셜벤처 밸리'가 된 성수동, 그 안에 그가 만든 공간 〈오늘살롱〉(현 신촌살롱)에서 그를 만났다.

재벌의 손자가 왜?

김병준 집안 등 주변에서 이런 일을 하는 걸 두고 뭐라 하지 않나요?

정경선 돈부터 벌라고 하시는 분들이 많습니다. (웃음)

김병준 당연한 충고(?) 아닌가요?

정경선 어느 쪽이 더 플러스가 되는지 알 수 없습니다. 비영리단체를 운영하면서도 많이 배우고 성장할 수 있습니다. 좋은 분도 많이 만날 수 있어 좋아요.

김병준 언제부터 이런 일에 관심이 있었나요?

정경선 2008년 말 전역을 하고 잠시 일본에서 인턴을 했습니다. 대기업, 그러니까 그룹사였는데 그룹의 가장 핵심파트라 할 수 있는 전략실에 사회공헌부가 있는 걸 보았습니다. 사회공헌부가 아예 없거나, 있어도 총무팀이나 마케팅팀에서 부수적인 일 정도로 수행하는 우리의 경우와 많이 달랐어요. 그때 느낀 게 많았습니다.

김병준 사회문제에 대한 관심이 있었으니 그런 게 보이는 것 아닐까요?

정경선 관심이 없었던 건 아닌 것 같습니다. 중·고등학교 때 이야기를 하면, 소위 '못 노는' 찌질한 타입의 아이였습니다. (웃음) 친구들도 학교폭력의 희생자가 되는 그런 아이들이었어요. 집안 배경이 있어 그런지 맞지는 않았습니다. 그러나 친구들은 아니었어요. 수시로 당하곤 했죠. 그런데 이런 문제에 대해 선생님들조차 '맞는 놈이

못난 놈이지. 공부나 해'라는 분위기였어요. '왜 이런 일에 아무도 나서지 않는 거지?'라고 고민을 많이 했습니다.

김병준 우리 사회 전체의 분위기도 그렇습니다.

정경선 '사람이 잘나고 못나고에 따라 철저히 짓밟고 짓밟히는 사회가 되겠구나.' 공감 능력이 크다고 그럴까요, 그렇게 느꼈습니다. 게다가 외환위기 때 주변의 기세등등한 사람들이 순식간에 날아가는 것을 보았습니다. 일종의 공포감 같은 것도 있었다는 말이죠. '누구나에게 저런 순간이 올 수 있고 나도 저럴 수 있다'라는 생각이 들었습니다.

김병준 그런 경우면 대체로 혼자 더 단단한 벽을 쌓기도 하죠. 돈도 더 지독하게 모으고, 그래서 자기만의 안전망을 구축하려 하죠.

정경선 지금 당장 부양해야 할 가족이 있는 것도 아니고, 돈을 벌어 앞가림해야 할 상황은 아니었어요. 그래서 그런 것 아닐까요? (웃음)

김병준 또 하나, 이런 일을 다른 돈 버는 일을 많이 해 보기 전인 젊은 나이에, 그것도 아예 전업으로 하고 있습니다. 돈을 많이 번 후 사회기여 차원에서 돈을 내어 놓는 것과는 다르죠. 큰 기업을 경영하는 집안의 외동아들 아닙니까. 그런 면에서 신기해 보일 수 있지요.

정경선 처음에는 메세나(mesenat), 즉 기업에서 문화 활동을 지원하는 일을 했습니다. 중요하기는 하지만 너무 간접적이라는 기분이 들었습니다. 그래서 보다 직접적인 활동으로 사회 초년생들과 대학생들이 재능기부를 하는 동아리를 만들어 활동했습니다. 하지만 이 역시 본업이 아니라 부업으로 하는 일이라 한계가 있었어요. 여전히 갈증을 느꼈고 결국 이렇게 되었습니다.

선의(善意)에 투자

—

김병준 운영하고 있는 루트임팩트 이야기인데요. 이름에서 임팩트 투자인 건 알겠습니다. 사회적 가치와 재무적 가치를 동시에 추구하는 사업이라 하죠. 쉽게 말해 사회적으로 좋은 일을 하면서 돈은 돈대로 좀 벌어, 최소한 스스로 그 일을 지속할 수 있고 키워갈 수 있도록 하자는 것 아닌가요?

정경선 맞습니다. 최근 시민과 소비자들의 영향이 커지고, 또 이들의 사회적 가치에 대한 관심이 커지면서, 이 사업에 대한 관심도 커지고 있습니다.

김병준 루트임팩트의 경우, 주로 무슨 일을 어떻게 하고 있나요?

정경선 먼저 루트임팩트가 가지고 있는 믿음을 소개했으면 합니다. 우리는 모든 사람에게 선의(善意)가 있다고 믿습니다. 그 선의를 살리고자 하는 선의도 있고요. 사는 게 급해 이기적인 존재가 되기도 하지만 기본적으로 타인을 배려하고, 공동선을 위해서 노력하는 잠재력이 있다고 보는 거죠.

김병준 그래서 그런 선의가 발현될 수 있는 환경을 만든다는 말이죠? 세상을 더 나은 곳으로 변화시키기 위해 노력하는 체인지 메이커들, 즉 사회 혁신가들과 함께요?

정경선 그렇습니다. 그래서 이런 체인지 메이커들을 발굴하고 육성하고 지원하는 일을 합니다.

김병준 체인지 메이커를 위한 체인지 메이커라는 말이 맞는 것 같습니다.

정경선 먼저 사회변화와 혁신에 대한 영감을 나누는 일을 합니다. 체인지 메이커들이 모일 수 있는 공간과 네트워크를 만들어 '체인지 메이킹(change making)'의 의미와 성공적인 사례 등을 서로 나누죠. '이런 일도 있구나' '저렇게 해야 되는구나' 하는 것을 서로 느끼고 배우는 것이죠.

김병준 이 건물과 공간, 즉 디웰(D-Well)이 있는 의미를 알 것 같습니다.

정경선 1층 개방형 카페에서 같이 쉬면서 이야기하고, 지하의 모임 공간과 도서관에서 토론하고 책을 봅니다. 때로 좋은 분들을 모셔 강의를 듣기도 합니다. 그리고 2~3층은 주거 공간이 필요한 체인지 메이커들의 숙소입니다. 저렴한 임대료로 임대하고 있습니다. 이렇게 서로 같이 보고 생활하면서 서로를 응원하고 영감도 나누죠. 이렇게 해야 지치지 않습니다.

김병준 같이 모일 수 있는 카페 같은 건 본 적이 있습니다. 하지만 이런 경우는 처음 보네요. 같이 쳐다보며 일할 수 있고, 게다가 숙식까지

할 수 있다는 건 참으로 인상적입니다. 지금 몇 명이 거주하고 있나요?

정경선 약 20명 정도입니다. 하지만 곧 상황이 크게 바뀔 것입니다. 바로 이 근방에 연 면적 약 2천 평에 500명 정도가 업무를 볼 수 있는 공간을 짓고 있기 때문입니다. 일종의 셰어 오피스, 즉 공유 사무 공간 개념입니다. 회계와 재무, 세무 등의 업무처리도 지원할 생각입니다. 그렇게 하면 이들이 본업에 보다 더 집중할 수 있을 것 같습니다.*

* 루트임팩트는 실제로 이 오피스 건물, 헤이그라운드(Hey Ground)를 완공했다. 이어 '서울의 숲' 부근에 기존 건물을 리모델링한 제2의 헤이그라운드를 세워 운영하고 있다. 1천여 명의 체인지 메이커가 이 공간을 이용하고 있다.

김병준 대담한 발상이네요.

정경선 이런 일과 함께 교육과 훈련도 합니다. 사실 사회적 기업이나 비영리단체에서 일하고 싶어 하는 청년들이 많습니다. 하지만 어디서 어떻게 시작해야 하는지 모르고, 또 시작한다고 해서 업무 역량이 바로 생기지도 않습니다. 이들을 위한 일을 하는 거죠.

김병준 어디서 무엇이 어떻게 진행되고 있는지 알려주는 것부터가 중요할 것 같습니다.

정경선 이런 일을 하고 싶은 청년은 누구나 접할 수 있는 교육 플랫폼을 만들고 있습니다. 곧 운영에 들어갈 것입니다.

김병준 정말 궁금한 게 하나 있습니다. 모두 돈이 필요한 일인데 그 돈은 어디서 오나요?

정경선 초기단계라 80%는 아버지의 사재로 운영됩니다. 시작 단계에서는 이런 돈이 중요한 역할을 할 수밖에 없습니다. 앞으로도 실험적인 일, 우수한 인재를 발굴해서 키우는 일 등은 사재가 큰 역할을 할 것 같습니다. 나머지 20% 정도는 JP모건, 구글, 그리고 현대자동차의 정몽구재단 등의 후원이나 지원으로 이루어집니다. 기업 등 관심을 가진 주체들이 계속 늘고 있는 만큼 앞으로 이 임팩트 사업의 환경은 크게 나아질 것으로 기대하고 있습니다.

김병준 소셜벤처(social venture)와 사회적 기업*에 투자도 하는 걸로 들었습니다.

* 소셜벤처와 사회적 기업 모두 사회적 가치를 추구하면서 돈도 벌어 재정적 자립기반을 갖추자는 취지의 기업이라는 점에서 차이가 없다. 다만 사회적 기업이 정부와 지방자치단체의 공적 인정을 받는 기업이라는 의미가 강한 반면, 소셜벤처는 정부 승인과 상관없이 시작되고 운영되는 스타트업 기업으로서의 의미가 강하다.

정경선 투자회사인 HGI(Holistic Growth Initiative)를 통해서 합니다. 사회적 가치를 추구하면서 돈을 번다는 게 쉬운 일이 아니죠. 따라서 투자를 해 줄 사람이나 금융기관을 찾기가 쉽지 않습니다. 그래서 돈이 없어서도 쉽게 뛰어들지 못합니다. 이런 장벽 내지는 허들을 낮추어주는 게 목적입니다.

김병준 투자대상을 선정하는 기준은 무엇인가요? 사회적 가치? 수익성? 당연히 사회적 가치가 제일 중요한 조건일 것 같긴 한데요?

정경선 HGI 자체가 '가치를 기반으로 하는 삶'을 지향합니다. 그래서 다양성, 포용성, 그리고 웰빙을 추구하는 제품과 서비스를 생산하는

벤처들을 지원합니다. 하지만 재무적 성과를 낼 수 있고, 그래서 스스로 설 수 있는 벤처여야 합니다. 물론 단기적으로 그렇게 될 것을 기대하지도, 강요하지도 않습니다.

김병준 돈이 계속 들어와야 투자를 할 수 있을 텐데요, 그런 기준으로 HGI에 투자하거나 돈을 맡길 사람들이 많을까요?

정경선 앞서 말씀드렸다시피 이 모든 것을 알고도 투자할 정도의 선의를 가진 기업이나 사람들이 있다고 생각합니다. 시민들과 소비자들의 영향력이 커지는 가운데, 이들의 사회적 가치에 대한 관심이 높아지는 것이 큰 힘이 되고 있습니다. 또 좋은 성과를 내는 사업들도 나오고 있습니다. 그만큼 사회적 가치에 투자하고 싶어 하는 사람들이 늘어날 수 있습니다.

김병준 잘 되고 있는 사업을 하나만 소개해 주세요.

정경선 『매일신문』에 게재될 〈대담〉이니까 생생농업유통의 소녀방앗간 식당을 소개하면 좋겠습니다. 청송에 있는 할머니들이 재배한 청정 농산물로 음식을 만들어 파는 청정 밥집 사업이죠. 농산물을 생산하는 할머니들은 제값을 받고 편하게 팔아서 좋고, 소비자들은 좋은 음식을 먹어서 좋습니다. 가게 수도 늘어나고 있고, 수익 구조도 좋아지고 있습니다.

클러스터링의 명(明)과 암(暗)

—

김병준 루트임팩트가 들어오면서 성수동 일대에 사회적 기업과 임팩트 사업이 몰려 일종의 소셜벤처 클러스터(집적단지)가 생겼습니다.

정경선 우리가 들어오기 전에는 4~5개 정도 있었습니다. 그런데 우리가 들어오면서 쏟아져 들어오기 시작했어요. 불과 몇 년 만에 클러스터가 형성되었습니다. 예상하지 않았던 일입니다.

김병준 같이 모여 있어 좋은 점이 많을 것 같습니다.

정경선 많습니다. 서로 돕고 배울 수 있어 좋습니다. 또 소속감과 정체성이 보다 확실해졌어요. "성수동에 있습니다" 하면 '아, 그런 일을 하는구나'라고 생각합니다. 길게 설명할 필요가 없습니다. 또 뭔가 하고 있다는 느낌을 주기도 하고요.

김병준 문제는 땅값이죠. 많이 올랐다는 이야기를 들었습니다. 젠트리피케이션*이 일어나고 있다고도 하고요.

* 젠트리피케이션(gentrification): 구도심이 번성하면서 땅값이 오르고 임차료가 상승하면서 원주민들이 내몰리는 현상을 말한다.

정경선 처음에는 다들 모여서 이 지역이 어떻게 발전해야 하는지를 이야기하고, 지방자치단체와 잘 협의해서 노력하면 빠르게 상업화되는 것을 막을 수 있지 않을까 했습니다. 그런데 땅값 상승을 노린 외부 투자자들이 예상을 뛰어넘는 속도로 덤벼들었어요.

김병준　돈이 많이 돌아다니는 게 문제입니다.

정경선　성수동 자체가 젠트리피케이션이 잘 일어날 수 있는 지역이기도 합니다. 진작 올랐어야 하는 땅인데 교육환경을 우선시하는 한국 특유의 부동산시장 특성 때문에 오르지 않고 있던 곳입니다. 그러던 것이 소셜벤처가 몰려드는 식으로라도 개발 잠재력을 보이게 되니 불이 붙어 버린 거죠.

김병준 이 클러스터를 유지하기 위해서라도 루트임팩트의 역할이 더 커져야겠어요.

정경선 막중한 책임감을 느낍니다. 하지만 몰려드는 상업자본 앞에서 무력감을 느끼는 것도 사실입니다.

김병준 앞으로 이 지역 외에도 지역사회를 바꾸기 위한 일을 하게 될 텐데 이번의 경험이 중요한 역할을 할 것 같습니다.

정경선 그래서 선제적인 투자를 포함해 부동산 문제에 주목하고 있습니다.

김병준 무력감을 자주 느끼나요?

정경선 매일같이… (크게 웃음) 사회문제에 대한 공감 능력이 크고 욕심이 많기 때문인 것 같습니다. 리비아에서 살다 온 친구가 우울증에 시달렸어요. 하루가 멀다 하고 난민들이 탄 배가 뒤집혀 목숨을 잃는 것을 보았기 때문이죠. 마음을 단단히 먹는 것이 중요하다고 생각합니다. 인간이 가진 선의, 그것에 대한 강한 확신과 함께 말이죠.

김병준 젊은 나이에 이미 많은 일을 했습니다. 힘든 상황에 이렇게 노력하는 분을 보니 기분이 좋습니다. 힘내시기 바랍니다. 감사합니다.

최훈

전 철도청장,
한국 최고의 와인 전문가와 소믈리에로

기관사 잘못으로 인한 열차 사고,
그러나 철도청장인 나도 옷을 벗어야 했다.
… 이 일로써 공직이 싫어졌다.
산하기관에도 가고 싶지 않았고.

철도청장을 지냈다. 그 이전에는 교통부 항만국장, 해운국장, 관광국장, 육운국장, 수송정책국장, 수송정책실장, 기획관리실장 등을 지냈다. 고위공직자이자 관광과 물류 분야 최고의 전문가였다는 말이다.

하지만 지금 그의 이름은 와인 분야 최고 권위자로 더 빛이 난다. 1997년 《포도주 그 모든 것》을 시작으로 《역사와 와인》(2015), 《와인과 우아한 식탁》(2018) 등 10권 가까운 와인 관련 책을 썼다. 전문 월간지 《wine review(와인리뷰)》 발행인이자 수많은 소믈리에를 길러 낸 보르도와인아카데미 원장이기도 하다. 해외 와인 커뮤니티로부터 한 해 수십 회의 초청을 받을 정도로 해외 입지도 단단하다.

팔순을 넘은 나이, 하지만 그는 멈추지 않는다. 여전히 세계 곳곳의 현장을 찾고 있으며, 와인 관련 저술의 종착지이자 와인에 관한 모든 것을 담는 또 하나의 '와인 총서'를 준비하고 있다. 1세대 와인 권위자로서의 자부심과 와인문화 인프라 구축에 대한 책임감 때문이다.

대구상고와 경북대 사범대학, 그리고 연세대 경영대학원과 경기대 대학원(경영학박사)을 졸업했다. 도전의 인생, 그로부터 그의 인생과 와인 이야기를 듣는다.

와인과의 인연, 그 시작

김병준 술 소비가 줄고 있다고 합니다. 그런 가운데서도 와인 소비는 계속 늘고 있습니다.

최훈 와인도 2008년 금융 위기 이후 몇 년 주춤했습니다. 오히려 줄기도 했죠. 그러다 2013년부터 다시 상향 곡선을 그리고 있습니다. 앞으로도 이런 추세가 계속될 것 같습니다.

김병준 그만큼 와인 인구가 늘어나고 있다는 이야기죠. 하지만 일반 대중에게는 여전히 생소한 술이라는 느낌이 있습니다.

최훈 그럴 수밖에 없습니다. 수입이 자유화된 것이 1988년의 일이니까. 30년도 안 되었습니다.

김병준 그 전에는 제대로 구할 수도 없었다는 말 아닌가요?

최훈 오랫동안 한국관광공사가 일괄 수입해서 조선호텔과 반도호텔 등 고급 호텔에 외국인 판매용으로만 공급했습니다. 내국인은 외국인과 동석한 경우, 그것도 사인을 하고 마실 수 있었습니다. 외환이 귀할 때의 일입니다.

김병준 요즘 젊은이들이 들으면 거짓말이라 할 것 같습니다.

최훈 수입 자유화 이후에도 붐이 일기까지 시간이 걸렸습니다. 조금씩 마시기 시작하다가 IMF 위기로 한 번 꺾이고, 결국 2000년이 되어서야 제대로 늘어나기 시작했습니다. 역사가 그만큼 짧다는 이야기입니다.

김병준 이런 환경 속에서 어떻게 와인을 잘 알게 되셨나요? 《포도주 그 모든 것》을 쓰셨을 때가 1997년입니다. 결국 와인 붐이 일어나기 전부터, 심지어 우리나라에 와인이 제대로 들어오기 훨씬 전부터 와인을 잘 알고 계셨다는 이야기가 됩니다. 그야말로 몇 안 되는 고급호텔에서 외국인과 동석한 경우, 그것도 사인까지 해 가며 마시던 시절부터 말이죠.

최훈 그런 셈이죠.

김병준 어떻게 그럴 수 있었나요? 어떻게 보면 고위공직자와 와인이 좋은 조합으로만 보이지 않는데요. 뭔가 일반 국민과 동떨어진 문화를 홀로 즐기신 것 같기도 하고요.

최훈 일 때문입니다. 1967년 교통부 공무원으로 프랑스 호텔 연수를 간 적이 있습니다. 그게 인연의 시작이죠.

김병준 공무원이 호텔 연수를요?

최훈 당시만 해도 호텔 업무를 교통부가 담당하고 있었어요. 또 국가가 조선호텔을 비롯해 여러 개의 호텔을 소유하고 있기도 했습니다. 조선호텔 직원들도 철도국 공무원들이었던 시절이죠. 호텔을 감독하고 운영하는 것이 교통부의 중요한 업무 중 하나였습니다.

김병준 그래서 교통부에서 국비 연수를 보낸 건가요?

최훈 아닙니다. 스스로 찾아서 갔습니다. 당시 호텔을 감독하는 업무를 맡고 있었는데 호텔을 잘 몰라 고민이었죠. 그러던 차에 프랑스 정부가 후진국 공무원들을 분야별로 뽑아 교육연수를 시킨다는 것을 알게 되었습니다. 바로 연수를 하게 해 달라고 사정을 했고, 우여곡절 끝에 선발되어 가게 되었습니다.

김병준 불어 실력이 어느 정도 되셨나 봅니다.

최훈 아닙니다. 프랑스에 가서 3개월짜리 어학 코스 다녔는데, 그것 통과하느라 죽을 고생을 했습니다. 생각해 보세요. 1967년의 일입니다. 친가 외가 처가 해서 50명 이상이 출국장에 나와 환송을 해 줬는데, 떨어져 돌아가면 무슨 망신이겠습니까. 정말 이를 악물었습니다. 입술이 몇 번이나 터졌는지 모르겠어요.

김병준 결국 통과는 하신 모양입니다.

최훈 겨우 통과했습니다. 그리고 그 뒤 6개월, 파리의 르 그랑 호텔(Le Grand Hotel)과 니스의 네그레스코 호텔(Negresco Hotel) 등에서 도제식 교육을 받았습니다. 호텔 매니저로서 서빙하는 교육을 많이 받았는데 여기서 와인을 처음 배우게 되었습니다. 프랑스 호텔에는 위스키 서빙이 없습니다. 100% 와인 서빙이죠.

김병준 그때 와인 전문가가 되겠다는 생각을 하셨나요?

최훈 그랬다면 그때 공부를 더 하고, 이런저런 메모도 많이 해 두었을 것입니다. 아쉬운 부분이죠. 하지만 호텔 문화와 와인 문화라는 측면에서 많은 것을 배우고 느꼈습니다. 모나코 왕비 그레이스 켈리가 참석했던 대규모 파티의 장관과 그 준비 과정은 아직도 잊지 못합니다.

김병준 관료 기구가 확장되는 시기라 이런 일을 하지 않고도 충분히 좋은 자리로 갈 수 있을 때였죠. 고생을 사서 하셨다는 게 대단합니다.

최훈 그렇게 해서 또 뭔가 배우는 것 아니겠어요.

다시 와인으로

—

김병준 연수 후 호텔 업무를 계속하셨나요?

최훈 그렇습니다. 공직 생활 33년 중 반을 호텔과 관련된 일에 종사했습니다. 그런 과정에서 와인과의 인연도 깊어졌습니다. 지금도 적지 않은 사람이 나를 호텔 스페셜리스트, 즉 전문가라 합니다. 사실 1971년에는 호텔경영학 책을 쓰기도 했습니다.

김병준 고위직이 아니면 책을 쓰기가 쉽지 않은 문화였을 텐데요….

최훈 쓰라고 해서 썼습니다. 당시 박정희 대통령은 거의 매달 수출 진흥 확대회의를 주재하고 있었어요. 수출에 목숨을 걸 때죠. 그런데 이 회의에서 대통령이 호텔 서비스가 좋지 않다며 교통부를 질책한 것입니다. 교통부가 발칵 뒤집혔고, 그래서 대안을 마련하느라 야단이었는데, 그 과정에서 담당국장이 장관에게 제 이야기를 한 것입니다. "프랑스 갔다 온 계장이 하나 있는데 그 친구에게 호텔 관계자들이 볼 책을 쓰게 합시다." 이렇게 말이죠. 당시 빈민촌 같은 동네에 살고 있었는데, 결국 그 집 골방에서 앉은뱅이 작은 밥상 펴 놓고 그 위에서 원고를 썼습니다. 꼬박 6개월을 꼼짝 않고 말입니다.

김병준 결국 그걸로 호텔 분야 최고의 권위자가 되신 거죠. 책 쓰는 경험도 하셨고.

최훈 그야말로 아는 것 모르는 것 다 가져다 썼습니다. 호텔 안에 있는 손님을 누가 찾으면 여러 가지 방법으로 찾아서 연결해 주는 페이징서비스(paging service)부터 객실 방 사이에 문을 달아 가족 등 일행이 두 방을 쉽게 오갈 수 있도록 하는 연결서비스 등, 당시로서는 대단히 새롭고 혁신적인 서비스들이 다 망라 되었습니다. 프랑스 연수가 가져다준 또 하나의 결과였습니다.

김병준 이렇게 호텔 쪽 일이 공직 생활의 반, 그럼 나머지 반은?

최훈 해운 물류 쪽에서 16년을 일했습니다. 항만국장, 해운국장, 수송국장, 그리고 1급 승진 후 수송실장 등을 지냈습니다. 마지막 공직이었던 철도청장도 결국 물류 쪽 일이었죠. 1년 반 정도 하다가 밀양~삼랑진 열차 충돌사고*로 옷을 벗었습니다.

* 밀양~삼랑진 열차 충돌사고는 1994년 8월, 정지 신호를 보지 못하고 달리던 무궁화호 열차가 마주 오던 열차와 충돌하면서 일어났다. 기관사 등 네 명이 사망하고 다섯 명이 중상을 입는 등의 인명 피해가 있었다.

김병준 기관사가 신호를 못 본 것인데, 철도청장이 옷을 벗었나요. 억울하다는 생각이 들었겠네요.

최훈 그러나 어쩔 수 없지요. 받아들일 수밖에. 하지만 이로써 공직이 싫어졌습니다. 이후 공직에 일절 나서지 않았습니다. 흔히들 시간이 좀 흐른 뒤 산하기관에 가곤 했는데 그런 것도 하지 않았습니다.

김병준 그때 이미 와인 쪽 일을 생각하신 건 아닌가요?

최훈 아닙니다. 오히려 물류 쪽 일을 더 많이 생각했습니다. 그래서 한동안 명지대학교와 동아대학교 그리고 교통대학 등에서 초빙교수로 이 분야 강의를 했습니다. 또 3년간 민간 물류 대기업인 한진그룹의 물류연구원 원장을 하기도 했죠.

김병준 그러면 와인 쪽 일은 언제부터 하게 된 것인가요?

최훈 사실 학교 일이나 연구원 일이 잘 맞지 않았습니다. 특히 학교 일은 그랬습니다. 초빙교수라는 위치가 참 어중간 했습니다. 뭘 적극적으로 하기도 그렇고, 하지 않기도 그렇고… 그러는 중에 와인 문화가 확산되는 것을 보았습니다. 그리고 이것이 제대로 자리 잡았으면 하는 마음이 생겼습니다. 그래서 다시 공부를 시작했습니다. 와인이 나에게 주었던 의미와 느낌을 전달하고 싶기도 했고요. 그래서 쓴 것이 《포도주 그 모든 것》이었습니다.

김병준 그리고 몇 년 뒤, 본격적으로 뛰어들게 되었죠?

최훈 2000년에 주식회사 자원평가연구원을 만들었습니다. 주주가 선후배 동료 등 열 명, 3천만 원씩 투자했지요. 그리고 이를 모태로 보르도와인아카데미를 열고 와인 전문 월간지 《wine review(와인리뷰)》를 발행하기 시작했습니다. 비즈니스도 하고 와인 문화도 바로 세운다는 취지였지요.

김병준 잘 되고 있는 것으로 알고 있습니다.

최훈 일은 많이 합니다. 바른 문화를 전파하는 일도 하고, 와인 전문가도 많이 길러내고 있습니다. 《wine review(와인리뷰)》는 해외에서 더 인정받는 전문지가 되어 있습니다. 명품 반열에 올라 있다고 자부합니다. 하지만 비즈니스 측면에서는 어려운 점이 없지 않습니다.

김병준 돈이 많이 들 것 같아요. 비싼 와인도 마셔봐야 하고, 해외여행도 많이 해야 할 것 아닙니까.

최훈 해외여행이 잦습니다. 현장을 고집하기 때문이죠. 다행히 《wine review(와인리뷰)》 덕에 외국으로부터의 초청이 많습니다. 초청을 받아 간 후, 그 일정이 끝나면 그 국가와 주변 국가들을 카메라 기자와 함께 둘러봅니다. 어렵지만 《wine review(와인리뷰)》 출장비를 쓰고 있습니다.

김병준 언제까지 하실 생각이신가요?

최훈 비행기를 탈 수 있을 때까지 하려고 합니다. 아내가 많이 말리는데 좀처럼 멈출 수가 없습니다. 마무리를 멋지게 하고 싶어요. 욕심이 많은 모양입니다.

김병준 어떻게 마무리하고 싶으신가요?

최훈 지금까지 와인의 기초에 관한 책을 썼고, 각 대륙과 각 나라의 와인에 관한 책을 썼습니다. 그런데 책이라는 게 그렇습니다. 5년 전에 쓴 것을 지금 보면 부끄럽습니다. 전면 개정하고 싶습니다. 아울러 마지막 책, 와인을 조금이라도 먼저 알게 되었던 사람으로서 와인 딕셔너리(dictionary), 말하자면 총서를 써서 남기고 싶습니다.

김병준 딕셔너리(dictionary)요? 외국에서는 나온 게 있을 법한데요.

최훈 서너 권이 있습니다. 하지만 그건 그들의 시각에서 쓴 책이죠. 한국 사람의 관점에서 차별화된 것을 쓰고 싶습니다. 서양 사람과 우리가 마시는 와인은 다르죠. 이를테면 기름진 음식을 많이 먹는 서양 사람은 강한 맛을 좋아합니다. 하지만 우리는 좀 부드러운 맛을 좋아하죠. 그래서 우리 나름의 총서가 필요합니다.

어려운 와인 문화?

—

김병준 실용적인 질문을 해 보겠습니다. 우선 와인이라고 하면 마음에 부담을 느끼죠. 예를 들어 잔을 어떤 걸 써야 하고, 잡는 법은 어떻고 합니다. 이걸 다 익혀야 하나요?

최훈 우리 문화가 아니니 어쩔 수 없습니다. 양식을 먹는 것만 해도 그렇지 않은가요? 모르면 어느 쪽 빵과 물을 먹어야 하는지, 어느 쪽 나이프와 포크를 먼저 사용해야 하는지 당황할 때가 있습니다. 와인도 마찬가지로 일종의 문화로 보고 그 기본을 알아두면 됩니다.

김병준 항상 격식을 지켜야 하나요.

최훈 공식적인 정찬에서는 지키는 것이 좋습니다. 예를 들어 잔을 들 때는 반드시 스템(stem, 긴 목 부분)을 잡는 것이 좋습니다. 그래야 건배와 인사를 제대로 할 수 있습니다. 그러나 가벼운 자리일 때는 꼭 그렇게 하지 않아도 좋아요. 예를 들어 잔을 들 때 보디를 잡아도 됩니다. 그렇게 하면 와인에 체온이 전달되어 아로마 발산을 돕는다는 이론도 있습니다. 물론 차게 마시는 화이트 와인은 항상 스템을 잡는 것이 좋습니다. 체온이 전달되지 않게 하기 위해서죠.

김병준 어떤가요? 와인이 한국 음식과도 잘 어울리나요?

최훈 아주 잘 맞아요. 전혀 꺼릴 것 없습니다.

김병준 한국 사람들은 맵고 짠 걸 좋아해서 미각이 좀 둔하고, 그래서 와인 맛을 잘 모른다고 하는 사람들도 있습니다.

최훈 전혀 그렇지 않습니다.

김병준 또 하나, 레스토랑에 가면 와인 리스트를 내놓는데 온통 모르는 와인이라 당황할 때가 있습니다.

최훈 당황할 이유가 없습니다. 나 같은 사람도 아는 와인이 한두 개밖에 없는 리스트를 만나는 경우가 있습니다. 선호하는 국가나 지역, 포도 품종 등과 가격을 보고 시키면 됩니다. 예를 들어 친구들과 가볍게 마실 때는 칠레산으로 6만~7만 원짜리 정도, 그리고 조금 무거운 식사를 할 때는 타닌이 많은 아르헨티나 와인 등을 시키면 됩니다. 믿을 수 있는 큰 수입상들을 기억해 두면 도움이 될 수도 있습니다.

김병준 오늘 말씀 대단히 감사합니다.

서민

기생충 전공 의대 교수,
'지옥훈련' 거쳐 작가 중의 작가로

글을 제대로 잘 쓰고 싶었다.
'지옥훈련'을 했다.
'천재'가 아니니 '훈련'으로
실력을 기를 수밖에 없었다.

서민 교수를 보면 우리의 통념이 의외로 편협할 수 있다는 점을 알게 된다. 〈대담〉에 나온 그의 첫 모습은 '수줍음' 그 자체였다. 가방을 가슴에 폭 파묻고, 겸손이 지나치다고 할 정도로 작은 목소리로 말을 건넸다.

서울대 의대 출신, 단국대 의대 교수, 베스트셀러 작가 등, 그 짱짱한 경력과 업적 어느 것에도 어울리지 않는 모습이었다. 검사 아버지, 약사 어머니를 둔 '잘나가는 집안 출신'이라는 느낌도 들지 않았다. 외모만 보고 섣부르게 판단하는 우리의 선입견 때문이었을까?

이야기가 시작되자 그는 달라졌다. 모든 질문에 거침없이 대답했다. 매우 솔직한 사람이라는 것도 금방 알 수 있었다. 모든 것을 있는 그대로 드러내며 가식 없이 자기 생각을 표현했다. 대담 분위기가 유쾌함으로 가득했다. 이웃집 아저씨와 옆집 오빠 같은 분위기, 수십만 명의 고정 팬을 거느리고 있는 이유가 확실히 있었다.

《기생충의 변명》《대통령과 기생충》《서민적 글쓰기》《서민 독서》 등 다수의 저서가 있다. 조국 전 법무부 장관과 그 가족의 비행과 비리에 대한 비판을 담은 《한 번도 경험해 보지 못한 나라: 민주주의는 어떻게 끝장나는가》, 일명 '조국흑서'의 집필에 참여하기도 하였다.

못 생겨서…

김병준 이름을 보면 생활이 그리 넉넉하지 않은 사람이란 뜻의 서민과 같습니다. 사람들이 이름 가지고 장난을 많이 쳤을 것 같아요.

서민 눈 작다고 놀리느라 이름이 빛을 못 본 것 같습니다. (같이 웃음) 어쨌든 부모님이 작명소에서, 그것도 유명한 사람한테 돈 주고 지은 이름입니다.

김병준 스스로 이름에 불만을 가진 적은 없었나요?

서민 어릴 때는 좀 그랬는데 지금은 아닙니다. 기억되기 쉽고 사람들을 편하게 하는 이름입니다. 《서민적 글쓰기》라는 책을 쓴 적이 있는데, 글을 잘못 쓰는 일반 사람도 글을 잘 쓸 수 있게 해 주는 책인가 하고 산 사람들도 있습니다. 그런 덕도 봅니다. 한 가지 아쉬운 것은 이름이 그래서 그런지 좋은 옷을 입어도 여전히 없어 보입니다. (웃음) 노숙자 같다고도 하네요.

김병준 같은 이름을 가진 분이 계신가요?

서민 넥슨 사장이 같은 이름입니다. 검색을 해 보면 그분이 항상 먼저 나왔어요. 그래서 언젠가 저분을 넘어야겠다고 생각했습니다.

김병준 지금은 달라졌을 것 같습니다.

서민 글을 쓰고 방송을 타고 하니까 역전이 됐습니다. (같이 웃음)

김병준 글을 쓰기 시작한 게 꽤 된 것으로 알고 있습니다.

서민 의과대학 시절, 외모 때문에 자존감이 낮았습니다. 어머니 말씀이 의대만 가면 여자가 줄을 선다고 했는데, 막상 가보니 현실은 어머니 말씀보다 더 냉혹했습니다. 소개팅 나가면 여학생이 갑자기 바쁜 일이 있다고 일어서거나 화를 내며 일어서곤 했죠. 자존감이 더 떨어질 판이었는데, 이걸 높이는 수단으로 글을 쓰기 시작했습니다.

김병준 글로 뭘 어떻게 했나요?

서민 글을 쓰며 스스로를 위로하고, 또 글로 구애를 했습니다. 어떤 여학생에게 첫 연애편지를 썼는데 60통 정도 쓰니까 넘어오더라구요. 얼굴이 아니라 글을 먼저 보내니 되는구나. 마치 구원의 동아줄을 잡은 것 같았습니다.

김병준 웃을 일이 아닌데 어쩔 수 없이 웃음이 나오네요. 죄송합니다. 그래서 이후 여학생들을 잘 사귀게 되었나요?

서민 여자에게 쓰는 글이라는 게 그렇지 않은가요. 자꾸 쓰다 보면 썼던 걸 또 쓰게 되고, 그러다 보면 효력이 떨어지고….

김병준 상대를 계속 바꾸는 수밖에 없겠네요. 썼던 글 재활용할 수 있게…(웃음) 어쨌든 그 이후 글을 계속 쓰신 것 같습니다. 주로 어떤 글을 썼나요?

서민 의과대학 동아리 회지 등에 썼는데 주로 남을 웃기기 위한 글이었습니다. 지금 생각하면 정말 유치하기 짝이 없는 글들이었죠. 남을 즐겁게 하는 글이라 해도 정보가 80, 유머가 20, 이렇게 되어야 하는데 그런 걸 몰랐습니다. 유머로 80을 채웠는데 그것도 침 흘리고 비듬 털고 하는 따위의 유치한 내용들이었어요.

김병준 그래도 좋아하는 사람들이 있었으니 계속 썼을 것 아닌가요?

서민 의대생들이 글을 잘 못 씁니다. 또 생활도 재미가 없습니다. 그래서 이런 글로도 재미와 위안을 느끼는 마니아들이 많았어요. 심지어 '천재작가' 어쩌고 하는 사람들이 많았는데, 나는 정말 그런 줄 알았어요. 자존감이 낮은 판에 그런 이야기가 어떻게 들렸을까요. 기분이 정말 좋았습니다.

김병준 (웃음) '천재'가 아닌 줄 언제 알았나요?

서민 '천재'라는 말에 꼬여 대학 시절 쓴 글들을 고치고 묶어 《소설 마테우스》를 내놓았습니다. 30살 때였는데 '천재작가'의 등장, 그래서 확 뜰 줄 알았어요. 최소한 10만 권쯤 팔리면서 인생이 달라질 줄 알았어요. 그런데 이게 영 아니었습니다. 반응이 너무 좋지 않았습니다. 친한 친구들까지 이런 걸 돈 주고 사 봐야 하느냐며 욕을 했어요. 그때 알았습니다. 아, 이 글들이 다 쓰레기구나.

지옥훈련

—

김병준 몹시 아팠겠습니다.

서민 책은 거의 팔리지 않았습니다. 차라리 태어나지 말았어야 할 책이었어요. 절판시키고 남은 것을 모두 수거했습니다. 지금도 이 책을 가지고 있는 사람이 있을까 겁납니다. "너의 지우고 싶은 과거를 알고 있다"며 협박이나 하지 않을까 해서요. (웃음) 그래서 책을 가지고 있다는 사람이 있으면 얼른 2만 원에 사겠다고 제안을 합니다.

김병준 그럼에도 불구하고 글에 대한 열정은 식지 않았습니다. 그러니 지금도 계속 쓰고 있지 않은가요. 특히 최근의 글들은 풍자와 해학, 그리고 반전이 넘치던데요. 자신감이 없으면 쓰지 못할 글들입니다.

서민 앞서 말했듯이 글 외에 자존감을 키울 수단이 없었습니다. 그래서 포기하지 않았습니다. 오히려 '지옥훈련'을 했어요. '천재'가 아니니 '훈련'으로 실력을 기를 수밖에 없었어요.

김병준 지옥훈련요?

서민 일단 절필을 한 후 보수언론 진보언론 할 것 없이 신문 사설과 칼럼들을 스크랩해 줄을 쳐가면서 분석하고 공부했습니다. 당시는 글쓰기에 대한 기본서도 별로 없었습니다. 사설이나 칼럼을 많이 보면 좋다고 하니까 그냥 그렇게 했어요. 그러면서 내 글에 어떤 문제가 있는지를 살펴봤습니다. '지옥훈련'이라 할 정도로 열심히,

그리고 지독하게 했지요.

김병준 남이 잘하는 것을 따라가는 것도 어렵지만 스스로의 잘못을 인정하고 고쳐가는 건 더욱 어렵습니다.

서민 공부도 힘들었지만 마음은 더 급했습니다. 빨리 실력이 늘고, 그래서 좋은 글을 써서 좀 떠야 되겠는데, 언제까지 이렇게 해야 하는지 알 수가 없었습니다. 10년 정도, 마치 암흑 속에 사는 것 같았습니다.

김병준 결국 성공하셨습니다. 그야말로 떴어요. 인기도 높고 팬도 많아요. 기고 요청이 많을 것 같은데 얼마나 많이 쓰고 있나요?

서민 월 4~5군데 기고하고 있습니다. 책을 준비하고 있기도 해요. 한때 한 달에 15군데 기고하기도 했습니다. 기본적으로 거절을 잘못합니다. 어릴 적부터 친구가 별로 없었던 탓인지, 거절하면 상대가 영영 도망가 버릴 것 같아서요.

김병준 스스로의 글에 대해 지금은 얼마나 만족하나요?

서민 칼럼의 경우 10번 쓰면 3번 정도 만족합니다. 하지만 이렇게 글을 쓰고, 또 이만큼 사랑받고 있는 것 자체가 좋아요. 크게 만족하고 있습니다.

김병준 궁금한 게 몇 가지 있습니다. 대중을 향해 글을 쓸 때 대중의 생각을 바꾸어 보겠다고 쓰는 사람이 있는 반면, 대중의 정서와 감정을 그대로 존중하고 그 속에 들어가 그들과 함께 같은 감정과 정서를 나누는 사람이 있습니다. 스스로 어느 쪽이라 생각하나요?

서민 후자입니다. 굳이 대안을 제시하거나 사람들의 생각을 바꾸려 하지 않아요. 때로 내 글에서 그런 한계를 느끼기도 하죠. 하지만 어차피 세상은 진영논리로 나누어져 있고, 이게 쉽게 바뀔 것 같지도 않습니다. 이런 상황일 바에야 나와 같은 편에 있는, 또 같은 생각을 하는 사람들을 즐겁게 하는 것이 좋은 것 아닌가 생각합니다. 내 글을 읽고 생각이 달라졌다는 사람은 많이 못 보았습니다.

김병준 솔직하게 대답해 줘서 고맙습니다. 또 하나, 글을 쓰다 보면 자신의 세계관이나 국가관 같은 것이 들어갈 수밖에 없는데, 기본적으로 어떤 세상을 원하는지 물어보고 싶습니다.

서민 사람들이 깨어 있으면 좋겠습니다. 찬성이나 반대하기 전에 제대로 생각하고, 또 제대로 알고 말하고 행동하면 좋겠습니다. 대통령이나 정부가 말한다고 바로 찬성하고, 또 바로 반대하고 해서야 되겠습니까. 이를테면 사드 문제나 노동개혁 문제 등도 얼마나 알고 찬성하는지 모르겠습니다.

김병준 어느 나라 없이 비슷한 문제가 있습니다. 그러나 우리 사회가 특히 심하죠.

서민 사실 어느 순간부터 민주주의에 대한 회의가 생겼습니다. 무비판적인 지지와 반대를 하는 사람들이 1인 1표의 투표권을 행사하는 것이 옳은지 회의가 듭니다. 정치인들은 자신들이 이기게 되면 '위대한 국민의 선택'이라 하는데 그게 정말 그런 건가? 오히려 철인(哲人) 정치가 옳지 않을까 하는 생각도 하곤 합니다.

세상 모든 것 다 가진 기생충 학자

—

김병준 글을 쓰는 사람이기 이전에 기생충을 연구하는 의과대학 교수입니다. 대중적 글쓰기와 연구자, 이 두 가지 일이 서로 부딪치지 않나요? 외도를 지나치게 한다는 동료 교수들의 비판도 있을 수 있고요….

서민 기본적으로 기생충 학자이자 연구자입니다. 좋은 글을 쓴다고 칭찬받는 것보다 좋은 학술지에 좋은 논문 게재하는 것을 열 배 백배 더 중시합니다. 실제로 매년 적지 않은 논문을 내고 있습니다. 다만 세상이 잘 돌아가야 연구도 잘할 수 있습니다. 그런 점에서 세상을 바로 만들자는 뜻의 글쓰기도 중요하죠. 또 기생충 학자의 글이 뜨면 기생충학에 대한 일반 시민의 관심도 높아집니다. 두 가지 일이 부딪치기만 하는 것은 아니죠.

김병준 기생충학은 남들이 잘하지 않는 분야입니다. 어떻게 전공하게 되었나요?

서민 대학 시절 기생충에 대한 소설을 쓴 적이 있습니다. 이걸 보신 이 분야 교수님이 이 친구를 꾀어야겠다고 생각하신 모양입니다. 밥을 사주시는데 감격하고 하다가 결국 넘어갔습니다. 전공으로 정하고 나니까 밥도 안 사 주셨지만…. 하지만 재미있습니다. 개업 의사는 감기면 감기, 매일 같은 병을 앓는 환자들을 보지만 기초의학을 연구하는 사람들은 늘 새로운 것을 연구합니다. 그런 게 좋습니다.

김병준 기생충 연구면 기생충 박멸 같은 걸 연구하는 것인가요?

서민 아닙니다. 기생충은 박멸해야 할 대상이 아닙니다. 기생충은 인체가 곧 집인 만큼 인체를 해치지 않죠. 있는 듯 없는 듯 조용히 살아갑니다. 알을 낳으면 밖으로 내보냅니다. 안에서 부화시켜 개체수를 늘리는 짓도 하지 않는 거죠. 영양을 빼앗아 간다고 하지만 그 정도 영양은 줘도 될 만큼 우리는 잘 먹고 있습니다.

김병준 없애는 걸 연구하지 않으면 뭘 연구하는 건가요?

서민 다양한 연구를 합니다. 이를테면 기생충으로 알레르기를 치료하는 연구를 하기도 합니다.

김병준 기생충으로 치료를?

서민 인간의 면역계는 무엇인가에 의해 통제가 되어야 하는데 이걸 기생충이 해 왔습니다. 기생충이 없어지니까 면역계가 예민해지고, 그래서 이 면역계가 자기를 공격하게 됩니다. 기생충을 박멸한 나라에서 알레르기가 늘어나는 이유입니다. 이런 경우 오히려 기생충 알을 몸속에 넣어 치료할 수 있습니다.

김병준 재미있을 수 있겠네요. 하지만 여전히 돈은 잘 벌지 못할 것 같습니다.

서민 그런대로 먹고삽니다. 욕심이 크면 아무리 벌어도 부족하다고 느끼죠. 중요한 것은 분모, 즉 욕심을 줄이는 것입니다. 작은 집에 살고

10년 15년 된 작은 차를 타면 어떤가요? 하고 싶은 연구 하고, 쓰고 싶은 글을 쓰지요. 사람들을 위해 좋은 일 하고…. 글 읽은 사람들이 좋아합니다. 이만하면 다 가진 것 아닌가요?

김병준 정말 1980년대 학번의 의사치고는 좀 그렇습니다.

서민 나는 이대로 좋은데, 연구를 이어 갈 제자들이 잘 들어오지 않아서 문제입니다.

김병준 일단 밥을 열심히 사주는 수밖에 없겠습니다. 아무튼 오늘 감사합니다. 열심히 연구하고, 지옥훈련까지 해 가며 좋은 글 쓰고, 그래서 스스로 자존감을 높이고, 또 오래된 차를 타고 다니면서도 '다 가졌다' 하고…. 팬이 많은 이유를 알겠습니다.

윤학

오페라 하우스 짓고
오페라 기획자가 된 변호사

집 앞에 와서 문득 하늘의 달을 봤는데…
갑자기 눈물이 주르르 흘렀다.
어느새 돈 버는 기계가 되어 있는 나를 본 것이다.
이게 아닌데… 이렇게 살고자 한 게 아닌데….

성공한 변호사 윤학, 그는 흔히 말하는 '세상 사는 요령'을 따르지 않는다. 수를 부리지도, 돈을 좇지도 않는다. 가난하지만 행복한 어린 시절을 보냈다는 그의 바람은 하나, 우리 마음속의 순수함이 살아나 우리 모두 평화롭고 행복하게 살 수 있게 되는 것이다.

변호사로 성공했지만 2007년 이래 더 이상 변호사 일은 하지 않는다. 대신 서울 강남의 법조타운 한가운데에 문화공간을 지은 후 오페라 등 공연을 기획하고 있다. 또 부인과 함께 갤러리와 출판사를 운영하며 《가톨릭 다이제스트》와 《월간 독자 Reader》를 발행하고 있다.

전라남도 해남에서 태어나 신안의 한 작은 섬에서 자랐다. 고등학교 때 홀로 광주로 나와 살레시오고등학교를 졸업했다. 그리고 서울대 법대와 그 대학원을 나왔다(법학박사). 독실한 가톨릭 신자로 《잃어버린 신발 열 켤레》 《만화책과 빈 주전자》 《돈과 영성》 등의 수필집이 있다.

변호사를 그만두고 문화기획에만 매달리게 되던 날, 그렇게 행복할 수가 없었다는 그를 그의 '흰물결아트센터'에서 만났다. 진공관 앰프의 오디오와 아름다운 원목 테이블이 있는 방에서였다.

이게 성공의 길

—

김병준 시설이 대단합니다. 개인이 이 정도의 시설을 세워 운영한다는 게 잘 믿어지지 않습니다. 그것도 서울 강남의 한가운데에 말이죠.

윤학 450여 객석의 공연장인 화이트홀이 있고 200개 가까운 객석의 아트홀이 있습니다. 그리고 갤러리와 서점, 《가톨릭 다이제스트》와 《월간독자 Reader》를 만드는 출판사 등이 있습니다.

김병준 돈이 엄청 많이 들어간 것 같습니다. 어디서 빌려 투자할 일은 아닌 것 같은데….

윤학 돈이 다 어디서 났느냐 이 말이죠? 일단 물려받은 것은 없습니다. 목포에서 배를 타고 몇 시간 들어가야 하는 섬에서 자랐습니다. 방 하나에 8남매가 포개어 자기도 했습니다. 고등학교 다닐 때나 대학 다닐 때도 마찬가지, 몹시 어려웠습니다. 변호사가 되고도 한동안 작은 전셋집에서 살았고요.

김병준 결국 변호사로 많이 벌었다는 이야기 아닌가요?

윤학 솔직히 잘 벌었습니다.

김병준 판·검사를 지내지 않았으니 전관예우 같은 것도 없었을 터인데 어떻게 그럴 수 있었나요?

윤학 첫 수임 사건 이야기를 해 보죠. 개업 후 한 달간 손님이 없었습니다. 그러다 아주머니 두 분이 찾아왔는데 남편들이 큰 장사를 하다가 같이 감옥살이를 하고 있는데 이들을 꺼내 줄 수 있겠느냐는 것이었죠. 바로 대답했습니다. 어려울 것 같다고요.

김병준 그런 경우 대체로 할 수 있다고 대답하는 것 아닌가요? 더욱이 첫 손님인데….

윤학 그런데 그렇게 말했는데도 이분들이 사건을 맡겨 주었습니다. 장사를 오래 해서 사람 보는 눈이 있다고 했지요. 법무장관 출신 등 다른 변호사들은 다들 돈만 좀 쓰면 나올 수 있다고 하는데 도무지 믿을 수가 없더랍니다. 기뻤습니다. 진심이 법무장관 출신을 이긴 것이죠. 열심히 했고, 다행히 결과도 좋았습니다. 그랬더니 이분들이 다른 사건을 소개해 주고…. 이런 식으로 커갔어요.

김병준 진심과 열정이 '줄'이나 '전관예우'보다 강할 수 있다는 것을 보여주는 일이네요.

윤학 브로커도 고용하지 않았습니다. 브로커를 쓰면 사건이 많이 들어오지만 이들과 수입을 나누어야 하고 손님 접대도 해야 합니다. 사건에 집중할 수가 없습니다. 그러나 이들을 쓰지 않으면 적은 사건에 보다 집중할 수 있습니다. 그러면 승소율이 높아지고 성공 보수도 그만큼 더 많이 들어오지요. 흔히들 말하는 '세상 사는 법'의 반대편에 오히려 성공의 길이 있었습니다.

성경대로 되더라?

김병준 그래도 그렇지요. 이 큰 시설을 짓고 운영할 정도로 번다는 게 상상이 되지 않습니다.

윤학 사실은 다른 길을 통해서도 돈이 들어왔습니다.

김병준 어떤 길이요?

윤학 돈의 논리로만 들어오는 게 아니네요. 내 경우에는 성경대로 되더라고요. 성당에 나가는데 누가 가톨릭 잡지를 보여주며 거기에 글을 써보라고 했어요. 그리 좋아 보이는 잡지가 아니었습니다. 하지만 의미가 있는 일이라 생각하고 열심히 썼습니다.

김병준 여러 번 계속 썼단 말이죠? 일종의 고정 칼럼같이.

윤학 그랬습니다. 그런데 이 글을… 본 신부님이 내가 여유가 있다고 생각하셨는지 잡지를 아예 인수해서 운영해 보라고 했습니다. 망해가는 잡지를 왜 맡느냐 했더니, 신부님 말씀이 그러니 맡으라는 것 아니냐 했죠. 무슨 뜻인지 알 것 같았습니다.

김병준 그게 《가톨릭 다이제스트》?

윤학 그렇습니다. 하지만 인수 후 너무 힘들었습니다. 아내와 같이 새벽 4~5시까지 글을 쓰고 편집을 했습니다. 고시 공부는 저리가라였죠. 많은 사람들이 조언을 했습니다. “유명한 사람을 필진으로 모셔라.” “광고를 따 와라.” 하지만 내가 무슨 능력으로 그렇게 하나요? 또 능력이 있다고 해도 그렇게 하기 싫었습니다. 오로지 내용으로 승부를 내자고 했습니다. 그랬더니 독자가 한 사람 두 사람 늘어 가더라고요.

김병준 인수 당시 몇 부나 나가고 있었나요?

윤학 지금은 약 7만~8만 부 나갑니다. 하지만 그때는 불과 500부 정도였어요. 한 달 돈 들어오는 게 월 80만 원 정도였고요. 얼마나 어려웠는지 상상이 가리라 믿습니다. 변호사 수입의 상당 부분을 쏟아 부어야 했습니다. 그런데 어느 순간 기적 같은 일이 일어났어요.

김병준 기적?

윤학 잡지를 아끼는 신자 한 분이 도움이 될 거라며 어느 기업의 지방 소재 부동산을 소개했습니다. 하지만 형편이 되지 않아 관심을 두지 않았어요. 그런데 그 지역에 평신도 강론을 갔다가 그 기업의 임원 한 분을 만나게 되었습니다. 그 분과 잡지 이야기와 가톨릭 이야기로 4~5시간을 같이 보냈는데, 이야기 끝에 그 임원이 이 부동산을 꼭 사라고 했습니다. 도움이 될 것이라고 말이죠. 결국 융자를 내어 샀지요. 부동산 투기꾼이 된 것입니다. (웃음)

김병준 그게 돈이 된 모양이죠? 또 그걸 처분해 이 센터를 짓고.

윤학 아닙니다. 그것 말고 또 다른 일이 있었습니다. 잡지가 좋아지면서 애착을 갖게 되었습니다. 변호사를 그만두는 한이 있어도 잡지는 그만둘 수 없다는 생각이 들었습니다. 그러면서 내 소유의 사무실이 갖고 싶어졌습니다. 밤에도 일을 해야 하는데, 임대 사무실은 자정이 되면 나가라고 재촉을 하는 등 여러모로 불편했지요. 그러던 중에 IMF 위기가 왔고, 그 바람에 이 블록의 원하는 땅, 즉 이 건물이 들어서 있는 땅과 그 인근의 땅을 융자와 임대수입 등으로, 즉 내 돈 크게 들이지 않고 살 수 있었습니다.

김병준 IMF 위기 때니 좋은 조건으로 사셨겠네요. 지금은 엄청 올랐을 테고. 이런 걸 두고 재운이라 하죠.

윤학 운이 아니라 '뜻'이 있었기 때문입니다. 잡지를 맡지 않았다면, 또 잡지에 애정을 기울이지 않았다면 이런 일들이 생겼을까요? 내 건물을 가지고 싶다는 생각 자체가 들지 않았겠죠. 그래서 성경대로 되더라고 말한 거죠.

김병준 말씀하신 그 '뜻'이 어떤 의미인지 잘 모르겠습니다만 잡지가 계기가 된 것은 분명한 것 같습니다.

윤학 실제로 이상한 일이 있기도 했어요. 당시 사무실이 바로 이 근방에 있었으니까 수시로 이 옆을 지나다녔죠. 그런데 그냥 내 느낌이었겠지만 여기를 지날 때면 갑자기 앞이 환하게 밝아지곤 했어요. 참으로 이상한 일이었죠. 그런데 얼마 지나지 않아 이 땅과 건물이 매물로 나왔어요. '아하, 이건 사라는 뜻이구나.' 그렇게 받아들이면서 샀죠.

주고 또 주어도 남는 것

—

김병준 음악과 미술에는 언제부터 관심을 가졌나요?

윤학 그 이야기를 하기 전에 이 이야기를 먼저 해야겠습니다. 어릴 때부터 사람의 마음속에 있는 순수한 힘, 사랑의 힘 같은 것들이 좋았습니다.

김병준 어릴 때부터라면?

윤학 섬에 살던 어린 시절, 아버지가 차린 작은 술상 앞에 동네 사람들이 모이곤 했어요. 자식 이야기와 세상 이야기 속에 따듯한 마음들이 오가는 것을 보았지요. 별빛은 쏟아지고, 모여 앉은 사람들은 어머니의 음식을 칭찬하고….

김병준 말하는 표정에서 그때를 어떻게 생각하는지가 보이네요.

윤학 하지만 곧 세상이 그렇지만 않다는 것을 알았습니다. 광주서 고등학교를 다니게 되었는데 입학시험 치는 날 운동화를 도둑맞았습니다. 그 뒤로도 10켤레쯤 도둑맞았어요. 어머니가 안타까워하셨습니다. "운동화 하나 지킬 요령도 없이 어떻게 세상을 살아가겠나?"

김병준 어렵게 사주신 것일 텐데요.

윤학 어느 날 자취방에 박혀 곰곰이 생각해 봤어요. 어떻게 세상이 이럴까? 그러다 뭔가 떠올랐습니다. 스스로 놀라 소리를 지를 뻔했지요. "그래, 요령 부리며 사는 인생도 있겠지만 그렇지 않은 인생도 있을 수 있다. 그렇게 살면 된다."

김병준 나이 들어서도 계속 그런 생각을 했나요?

윤학 "세상에는 두 가지 가치, 즉 내가 가지면 상대가 못 가지는 경쟁가치가 있는가 하면, 나와 다른 사람이 모두 가질 수 있는 비경쟁가치가 있다." 고시 공부 막바지에 읽은 책에서 본 내용입니다. 깜짝 놀랐어요. 그리고 생각했습니다. 뺏고 빼앗기는 경쟁가치만 추구할 것이 아니라 종교·예술·문화와 같이 주고 또 주어도 여전히 남는 비경쟁가치를 추구하며 살 수도 있다고요.

김병준 하지만 그게 쉽나요. 살다 보면 어느새 뺏고 빼앗기는 삶 속에 있습니다.

윤학 그랬던 것 같아요. 변호사 생활 10년쯤 했을 때입니다. 당시는 수임료를 현찰로도 많이 받을 때라, 주머니마다 돈을 가득 채운 채 집으로 들어오고 있었어요. 집 앞에 와서 문득 하늘의 달을 봤는데 고향에서 봤던 바로 그 달이었습니다. 갑자기 눈물이 주르르 흘렀어요. 어느새 돈 버는 기계가 되어 있는 나 자신을 본 것입니다. 이게 아닌데…. 이렇게 살고자 한 게 아닌데…. 그렇게 나를 다시 돌아보다 세례를 받았습니다.

김병준 그리고 그 뒤 앞서 이야기했던 것처럼 《가톨릭 다이제스트》를 인수하고, 지방 소재 부동산을 사고….

윤학 그러다 1990년대 중반, 평소 우상으로 여겼던 음악인이 연출한 공연을 보러 갔다가 큰 충격을 받았습니다. 부자는 나쁜 사람, 가난

한 사람은 이들로 인해 불행한 사람…. 그런 내용이었거든요. 그런가요? 어린 시절에는 힘들게 살았지만 행복했습니다. 문화와 예술까지 이렇게 이념적이고 선동적이어야 하나? 집으로 돌아오는 택시 안, 나도 아내도 한동안 말을 잃었지요. 그러다 입을 열었습니다. "여보, 우리가 공연장 하나 만듭시다."

김병준 그래서 이 센터의 이름이 '흰물결'인가?

윤학 흰물결은 곧 순수한 사람의 마음, 또 그런 마음의 흐름입니다. 순수한 힘, 사랑의 힘이 세상을 바꾼다고 생각합니다. 투쟁적이고 선동적인 것보다 더 세죠.

김병준 그런 마음에서 시작했으니 공연의 내용이나 형식도 좀 다를 것 같습니다.

윤학 음악이나 미술은 가장 귀한 것들과의 만남입니다. 이를테면 시는 우리 영혼의 숨결이죠. 가곡이나 오페라 아리아를 들으며 우리는 이런 귀한 것을 만납니다. 그러나 많은 경우 우리는 이 귀한 만남을 귀하게 여기지 않습니다. 그래서는 안 된다는 생각에 여기서는 그런 일이 일어나지 않도록 최대한 노력하죠.

김병준 무슨 말인가요?

윤학 공연하는 사람은 한 수 보여주겠다는 태도를 보이기 일쑤고, 보고 듣는 사람 또한 이런 자리에서 이 정도의 문화를 즐기는 수준이라는 것을 과시하는 데 더 신경을 쓰곤 하죠. 그래서는 안 된다. 순수한 마음으로 보여주고 들려주고, 또 보고 들어야 합니다.

김병준 나 자신, 찔리는 부분이 있습니다.

윤학 여기서는 가곡도 오페라도 우리말로 합니다. 전달이 잘 되게 하기 위해서요. 거짓말이라 하겠지만 외국어로 부르는 경우 부르는 사람도 그 뜻을 모르고 부르는 경우가 있습니다. 듣는 사람은 더 말할 필요가 없습니다. 그래서는 제대로 된 만남이 이루어지지 않는 것 같아요.

김병준 우리말로 부른다는 말씀인데 우리말 가사는 누가 만드나요?

윤학 부족하지만 많은 부분을 내가 합니다. 잡지와 단행본 등에 글을 쓰다 보니 언어감각도 꽤 늘어난 것 같고 해서 말이죠.

김병준 연출도 하시나요?

윤학 내 뜻을 잘 전달해 주는 연출자가 따로 있습니다. 처음에는 둘 사이에 갈등도 많았습니다. 음악을 전공하지도 않은 사람이 이래라저래라 하니까 그럴 수밖에 없었습니다. 하지만 지금은 같이 잘하고 있습니다. 내가 하자는 대로 해서 되는 것도 많기 때문입니다.

김병준 갤러리 구경도 잘했습니다. 편하게 볼 수 있는 그림이 많더군요.

윤학 아내를 생각했습니다. 인사동 근처에서 중학교를 다니면서 좋아하는 그림을 많이 보았다고 합니다. 그래서 그런지 미적 감각이 좋고 글 솜씨도 좋아요. 사실, 갤러리로 쓰는 공간을 다른 사람들에게 임대하면 수입은 열 배 이상 늘어날 것입니다. 하지만 아내가 인사동 그림을 보며 많은 것을 얻었듯이 누군가 이 갤러리를 통해 뭔가 얻을 수 있지 않겠나 생각합니다.

김병준 잡지와 마찬가지로 공연이나 갤러리 운영에도 다른 것 신경 쓰지 않고 좋은 내용을 담는 데만 신경을 쓰는 것 같습니다.

윤학 이걸 두고도 많은 분이 광고를 하라, 널리 알려라 등 많은 조언을 합니다. 하지만 그럴 시간과 힘이 있으면 내용을 더 다듬지요. 이러면 잘 될까, 저러면 잘 될까 좌고우면하지 않습니다. 대신, 어떻게 하면 우리 마음을 편히 쉬게 하고, 그러면서 순수한 감정들이 솟

아나게 할까만 고민합니다. 그러면 일이 더 잘 되는 것 같아요.

김병준 거꾸로 사는 분을 만난 기분입니다. 거꾸로? 그래, 언제부터인가 우리 사회는 '바로'가 '거꾸로'가 되어 버렸습니다. 고맙습니다. 성공해 주셔서 정말 고맙습니다. 왜냐고요? 바르게 살고자 하는 많은 사람들에게 용기를 줄 수 있기 때문입니다. 감사합니다.

안규리

의사의 '천사' 겸직,
외국인 근로자들의 '라파엘'

이들이 너무 어려워 보였다.
그래서 학생들이 쓰던 궤짝 두 개와
간이 의자 몇 개로 시작했다.
'길거리 진료'였다.

안규리. 유명 화학자이자 한국동란 직후 상공부 장관을 지낸 그의 아버지는 그의 이름을 그렇게 지었다. 노벨상을 두 개(물리학상, 화학상)나 수상한 퀴리부인(Madame Curie)과 같은 사람이 되라는 뜻이었다. 실제로 그는 그의 이름 영문 표기를 'Curie'로 쓴다.

아버지의 뜻과 달리 그는 화가를 꿈꾸었고, 그러다 결국은 의대를 진학해 의사가 되었다. 우리나라 최고의 신장 전문의이자 이종장기 연구 등 생명과학 분야의 세계적인 권위자이다. 분야가 다르긴 해도 결국은 퀴리부인의 길을 걸어 온 것이다.

그러나 그의 현재는 뛰어난 의사와 생명과학자로만 설명되지 않는다. 사람에 대한 무한한 애정과 열정은 그를 누구도 쉽게 할 수 없는 사회봉사의 길로 이끌었다. 이번 〈대담〉의 중심이 되는 외국인 노동자들을 위한 무료진료센터 라파엘클리닉은 그가 한 수많은 봉사와 헌신의 한 부분이다.

그가 세운 라파엘클리닉은 그의 이러한 헌신에 힘입어 국가인권위원회의 대한민국 인권상, 아산재단의 아산상 대상, 포스코 청암상, 호암 사회봉사상 등을 수상했다. 국내 진료를 넘어 국제적인 의료지원까지 그 역할을 키우고 있다. 그 역시 한국 여성단체협의회의 올해의 여성상, 몽골 국민 북극성 의사훈장, 소리 없는 영웅상(세계이식학회) 등의 주인공이기도 하다.

2020년 서울대학교 의과대학에서 정년퇴직한 후 국립중앙의료원 교수로 있다. 라파엘클리닉에서도 대표직에서 물러난 후 국제적 활동을 위한 조직인 라파엘 인터내셔널의 이사장을 맡고 있다.

따뜻한 나라

—

김병준 라파엘클리닉을 둘러보았습니다. 참 궁금한 게 어떻게 이 일을 시작하게 되셨습니까? 외국인 노동자들과의 특별한 인연이라도 있으신가요?

안규리 있다면 있죠. 1996년의 일인데, 김수환 추기경께서 파키스탄에서 온 노동자 두 사람이 어떤 사건에 연루되어 억울한 옥살이를 하고 있다는 이야기를 들으셨어요. 그래서 천주교 인권위원회에 어떻게 된 일인지 알아보라고 하셨죠. 저는 이 위원회에 참여하고 있는 지인으로부터 이 이야기를 들었고, 저 또한 도움이 되는 일이 없을까 해서 그 두 사람을 찾아보게 되었어요. 그런데 이 분들의 상황이 너무 딱해 보였어요. 이를테면 음식조차 그들의 음식을 먹을 수가 없잖아요. 반입이라도 좀 시켜줄까 했더니 그것도 안 된다고 하고요.

김병준 어디 그것뿐이겠습니까. 말도 법도 행정도 문화도 그들이 만든 것도, 그들을 위해 있는 것도 아니죠.

안규리 답답한 가운데, 의사로서 할 수 있는 일을 생각하게 되었습니다. 그 두 사람을 넘어, 외국인 노동자 누구를 위해서든 말이죠.

김병준 민간이 운영하는 진료소, 그것도 외국인 노동자들을 무료 진료하는 곳으로는 규모가 상당합니다.

안규리 지하 1층, 지상 5층에 연 면적이 350평 조금 넘습니다. 염수정 추기경(서울대교구장)을 비롯해 많은 분들이 도움을 주어 2014년 마련할 수 있었습니다.

김병준 그럼 그전에는?

안규리 1997년 4월, 서울 혜화동성당 백동관에서 시작했어요. 그 몇 달 뒤 김수환 추기경의 도움으로 가톨릭대 성신교정 내 한 건물로 옮겼고, 그로부터 1년 뒤 다시 강우일 주교(제주교구장)의 도움으로 동성고등학교 4층 강당으로 옮겨 진료를 했습니다.

김병준 자체의 진료 공간을 가지게 된 것이 감격스러웠겠습니다.

안규리 그렇습니다. 학생들이 쓰던 궤짝 두 개와 간이 의자 몇 개로 시작한 '길거리 진료'였어요. 그게 첫 이사를 하면서 리어카 두 대 분량으로 늘어나고, 또 늘어나고…. 그러면서 여기까지 왔습니다.

김병준 그만큼 환자도 많아졌고, 일도 많이 했다는 이야기 아닐까요?

안규리 자원봉사를 기본으로 하다 보니 일요일만 진료를 하는데, 진료일 하루 평균 3백 명 이상, 한 해로 보면 약 1만6천 명이 다녀갑니다.

김병준 의료진이나 지원 인력도 많아야겠네요.

안규리 서울대 의대 교수와 의대생 몇 명으로 시작했습니다. 지금은 서울대, 고려대, 건국대 의대 교수 등 400여 명의 의사들이 순번제로 돌아가며 자원봉사를 합니다. 약사, 간호사, 임상병리사, 치위생사, 물리치료사 등도 100여 명이 참여하고 있고, 보건 의료계열 학생도 300여 명이 참여하고 있습니다.

김병준 의료진이 아닌 일반 자원봉사자들도 많은 것 같은데요….

안규리 진료일마다 100여 명의 일반 자원봉사자들이 도움을 줍니다. 관리업무를 할 수 있는 사람은 관리업무를, 통역과 안내를 할 수 있는 사람은 그런 일을, 또 악기를 다룰 수 있는 사람은 연주로 환자들을 위로합니다. 모두들 나눌 수 있는 것을 나누고 있습니다.

김병준 주로 어떤 환자들이 많이 오나요?

안규리 국적은 중국, 필리핀, 몽골, 방글라데시 등 다양합니다. 또 이런저런 이유로 건강보험이 없는 환자들이 많이 옵니다.

김병준 의료보험이 없는 건 불법체류자들이기 때문인가요?

안규리 아니에요. 합법적인 체류자도 의료보험이 없는 경우가 적지 않아요. 의료보험 부담할 돈까지 본국으로 송금하는 등 상황이 어려우니 그런 거죠. 대기업이나 중견기업 등에 고용된 경우는 그렇지 않겠지만, 영세 상공인 등에 고용된 경우 이런 일이 적지 않습니다.

김병준 언어 소통은 어떻게 하나요?

안규리 한국어와 영어로 소통하기도 하고 통역 자원봉사자나 전화 통역을 이용하기도 합니다. 문제는 문화적 소통입니다. 통증에도 '쑤신다' '찌른다' '뻐근하다' 등의 여러 가지 표현이 있는데, 이런 부분은 통역이 되어도 그 정도나 증상을 알기가 쉽지 않습니다. 특히 정신적 스트레스와 연계된 경우에는 더욱 그렇습니다. 손짓 발짓 등 할 수 있는 것을 다 하지요.

김병준 참으로 감사한 일입니다.

안규리 사실 언어문제는 조금씩 나아지고 있습니다. 우리말 하는 사람들도 늘어나고, 그만큼 기초적인 표현을 하거나 통역해 줄 수 있는 사람도 늘고 있으니까요. 문제는 오히려 다른 데 더 크게 있어요. 응급상황이라 보호자가 필요한데 가족이 곁에 없는 경우, 또 예방적 조치를 해야 하는데 그럴 만한 환경이 되지 못하는 경우 등이죠.

김병준 중증 환자의 경우 어떻게 하나요? 이들까지 다 볼 수 있는 것은 아니죠?

안규리 중증 정도에 따라 2차 의뢰를 합니다. 60여 병원이 도와주고 있습니다.

김병준 이 경우 치료비는 어떻게 하나요?

안규리 병원이 도와주기도 하고 모금을 하기도 합니다. 중요한 것은 그동안 한 번도 이러한 일에 실패한 적이 없다는 사실이죠. 늘 느끼는 일이지만 우리나라는 따뜻한 나라입니다. 모두들 험하게 살아가는 것 같지만 그렇지 않습니다. 어려운 사람들에 대한 배려가 살아있는 나라입니다.

김병준 한 번도 실패한 적이 없다? 왠지 뿌듯해집니다.

안규리 모두들 자기 것 챙기면서 살아가지요. 하지만 많은 사람들이 자기 것만 챙기지 않습니다. 정말 많은 분들이 필요할 때마다 나서줍니다.

김병준 그런 일 외에도 돈이 많이 들어갈 것 같습니다. 운영비 등 말이죠. 조달하는 데 문제는 없나요?

안규리 개인 후원자와 기업 등 단체 후원자들이 도와주고 있습니다. 또 물품과 약품을 지원해 주는 곳이 수십 곳 있습니다. 사회복지공동모금회, 바보나눔, 정부의 국제협력단(KOICA) 등의 사업에도 응모합니다. 또 상금을 받아쓰기도 하고, 급하면 바자회도 엽니다. 하지만 늘 걱정이기는 합니다.

김병준 사실 국가나 사회, 심지어 기업들을 포함한 시장주체들까지 크게 관심을 가져야 할 부분입니다만….

안규리 다른 나라에서는 어떻게 하는지 알아보기도 했습니다. 책도 구해서 보고…. 하지만 사회구조와 문화가 달라서인지 큰 도움이 되지 못했습니다. 또 조직적인 모금을 할 역량도 되지 못하고요. 그러나 한 가지, 또 한 번 이야기 드립니다만 어려울 때면 기적같이 도움을 주는 누군가가 나타나곤 했습니다. 그래서 한 번도 문을 닫지 않았어요.

인도에서의 충격

—

김병준 국제적 활동을 확대하고 있는 것으로 알고 있습니다.

안규리 2007년 포스코 일로 인도를 방문한 적이 있습니다. 그곳에서 최하위 계급인 '불가촉천민들(untouchables)'을 치료받는 병원을 방문했고, 그곳에서 눈 수술을 받은 한 아이를 보게 되었습니다. 그런데 이 아이가 하고 있는 안대가 새까맣게 되어 있더라고요. 날이 어두워서 그런가보다 했는데 가까이 가서 보니 그게 아니었어요.

김병준 안대가 오래 되어서?

안규리 예. 안대를 갈아주지 않아서 새까만 것이었어요. 안대 주변에는 파리가 날고 있었는데, 이를 들추었더니 그 아래에는 구더기가 들끓고 있었습니다. 환자 앞에서 그런 적이 없었는데, 너무 큰 충격이라 밖으로 뛰쳐나오고 말았습니다.

김병준 그래서 설립한 것이 해외 의료지원사업인가요?

안규리 그렇습니다. 이들을 위해 무엇인가 하고 싶었습니다. 바로 라파엘 인터내셔널을 설립하고 몽골부터 시작했습니다.

김병준 가서 직접 진료를 하는 것인가요?

안규리 보통 그렇게들 하죠. 많은 팀들이 일회성 진료를 하고 오거나 약을 주고 옵니다. 하지만 이런 방식은 지속성이 떨어지죠. 치료했던 환자가 다음에 가보면 증상이 악화되어 있거나 세상을 떠난 경우를 보게 됩니다. 지속적으로 보살피지 않아서 그렇게 되는 것입니다. 따라서 라파엘 인터내셔널은 다른 방법, 즉 그 나라의 의료체계 안으로 들어가는 방법을 택했습니다.

김병준 의료체계 안으로 들어간다?

안규리 그쪽 의료진을 교육하고 훈련시켜 그 나라 환자들을 지속적이고 안정적으로 돌볼 수 있게 하는 방법입니다. 이를 위해 이들을 교육과 훈련 프로그램으로 불러들여야 했고, 그러기 위해서는 이들의 신뢰를 얻어야 했습니다. 같이 보드카 마시고, 야채도 같이 심고, 우물도 파주고 하면서 말이죠.

김병준 결과는?

안규리 성공적입니다. 신뢰가 쌓이면서 그쪽 의료진들의 역량을 강화시킬 수 있었고, 이렇게 역량이 강화된 의료진들이 다른 의료진을 위한 워크숍을 여는 등 적극적으로 움직이고 있습니다. 또 과거에 가지지 못했던 의료기술을 가지게 된 의료진들이 과거와 비교가 되지 않을 만큼 적극적으로 환자를 돌보고 있습니다. 오전 11시면 퇴근하던 의사들이 밤 10시가 넘어서까지 일을 하기도 합니다.

김병준 그 나라에도 의과대학이 있고 인턴, 레지던트 등의 훈련과정이 있을 것 아닌가요?

안규리 의과대학이 있지만 제대로 된 교육 및 훈련체계가 갖추어져 있지 않습니다. 소련연방이 붕괴되면서 러시아와의 관계가 약화되고, 또 러시아어를 할 수 있는 원로 의사들이 은퇴해 나가면서 더욱 그렇게 되는 것 같습니다. 일을 하고 싶어도 전수받은 지식과 기술이 없어서 못하는 상황이 되어 버린 것입니다. 라파엘은 이런 상황을 근본적으로 바꾸어 놓기 위한 접근을 합니다.

김병준 의료 이외의 분야에서도 좋은 접근 모델이 될 수 있을 것 같습니다.

안규리 어쨌든 라파엘이 들어가면서 많은 것이 달라지고 있습니다. 그쪽 정부 역시 이러한 변화 뒤에 라파엘이 있다는 사실을 알게 되었습니다. 접근 방법 또한 상당히 다르다는 것도 알게 되었고요. 그러다 보니 도움을 달라는 요구도 많아지고 있습니다. 역량이 따라가지 못해 걱정입니다.

김병준 몽골 이외의 다른 국가들도 돕고 있는 것으로 알고 있습니다.

안규리 미얀마, 네팔, 필리핀으로 확대하고 있습니다.

화가가 되고 싶었던 소녀

—

김병준 라파엘의 대표이기 이전에 콩팥 분야와 이종장기 분야 등에서 세계적인 학자이자 연구자입니다. 어떻게 이 많은 일을 다 소화해 내는지 모르겠습니다. 결혼을 하셨더라면 아마 집에서 쫓겨났을 것 같습니다.

안규리 이혼 사유로 충분할 것 같아요. (웃음)

김병준 돌아가신 부친이 뛰어난 과학자셨죠? 오래전 한국동란 직후의 일입니다만 장관도 하셨고요. 그런 부친이 몹시 아낀 것으로 알고 있습니다. 이름도 퀴리부인의 이름을 따서 지을 만큼 기대도 컸던 것 같고요. 지금의 모습을 보신다면 뭐라 하실까요? 매우 자랑스러워하시겠죠.

안규리 의사가 아픈 사람들 위해 일하는 게 뭐 대수냐 하실 것 같습니다.

김병준 의사 되는 걸 원하셨나요?

안규리 과학자가 되기를 원하셨습니다. 나는 화가가 되고 싶었고요. 그러다 합의를 본 것이 의사였습니다.

김병준 그림은 안 그리시나요?

안규리 안 그립니다. 소질도 안 쓰다 보니 없어지는 모양입니다. 이제는 만화 컷 하나도 잘 못 그려요. (웃음)

김병준 하나만 더 물어보겠습니다. 이종장기 연구, 즉 특별히 키운 돼지의 장기를 인간에게 이식하는 기술이 우리 사회의 보편적 윤리나 종교적 신념과 배치되는 부분은 없나요?

안규리 크게 문제 될 게 없다고 생각합니다. 결국 사람을 살리고자 하는 일입니다. 어떻게 이용하는가에 대해서는 우리 사회가 잘 결정하면 되고요. 세계보건기구 등에서 여러 가지 규정을 만들고 있습니다. 다만 이슬람권에서는 종교적인 문제가 있을 수 있습니다. 돼지를 이용하기 때문이죠.

김병준 그런데 이종장기 연구 등, 지금 하고 계신 것이 과학의 영역 아닌가요? 앞서 부친께서 과학자 되기를 원하셨다고 이야기 하셨기에 물어보는 것입니다.

안규리 그렇습니다. 많은 부분 과학이죠. 사실은 과학을 아는 의사들이 많이 나와야 해요. 피지시안 사이언티스트(physician scientist), 즉 의사 과학자라 해야 하나요. 이런 사람들이 많아져야 이 분야 산업이 발전하고, 그만큼 우리도 더 건강한 삶을 살 수 있어요.

김병준 정말 중요한 말씀인 것 같습니다. 그런 분들이 적으니 경제규모가 이 정도 되는 나라에서 신약 하나 제대로 개발 못하고 있는 것 아니겠습니까?

안규리 그런데 이게 말로만 해서 안 되고요. 이런 사람들을 키울 수 있는 정책이 있고 프로그램이 있어야 해요. 그렇지 않으면 의사들이 이 새로운 영역에 도전을 못해요. 경제적 지원도 없고, 체계적인 교육과 훈련의 프로그램도 없는데 누가 이 새로운 영역에 도전하겠어요. 그냥 환자나 돌보며 돈도 벌고 살지 말이죠. 누가 의지를 가지고 덤벼본다 해도 결국은 데스 벨리(death valley), 즉 죽음의 계곡을 건너지 못하고 사라지게 됩니다.

김병준 고 노무현 대통령께서 안 교수님에 대해 말씀하신 게 생각납니다. '천사 같은 분'이라고 하셨거든요. 저도 오늘 이야기를 나누면서 라파엘 대천사(大天使)의 모습이 비치는 것을 느꼈습니다. 라파엘클리닉의 더 큰 활약과 의사 과학자로서의 길에 큰 성과가 있기를 빌겠습니다. 오늘, 감사합니다.

박찬숙

한국 방송의 여성 앵커 1호, 물을 찍는 사진작가로

어느 분이 말씀하셨다.
40년 동안 찍혀 봤으니 찍는 것도 잘할 것이라고.
그 말 듣고 바로 카메라를 샀다.

여성 앵커 1호. 달리 소개가 필요 없는 방송인이다. 숙명여대 졸업 이후 1968년부터 50년 가까이 방송을 했다. 〈KBS 9시 뉴스〉의 앵커였으며, 〈심야토론〉 〈라디오 정보센터 박찬숙입니다〉 등 쟁쟁한 프로그램의 진행자였다.

순탄하기만 한 인생은 아니었다. 결혼했다는 이유로 사직을 해야 했고, 1980년 신군부가 들어선 이후 해직을 당했다. 세월이 흐른 뒤 다시 방송을 했지만, 2003년 이후 또다시 알 수 없는 이유로 모든 프로그램에서 하차를 당했다. 그리고 그 '덕(?)'에 비례대표 국회의원으로 4년을 보냈다.

그런 인생을 살았기 때문일까? 그는 보통의 방송인이 잘하지 않는 일을 많이 했다. 동네에서 작은 옷가게를 하기도 했고, 소설을 써서 문학상을 받기도 했다. 2011년부터 사진을 찍고 있는데, 그냥 가볍게 찍는 게 아니다. 여러 차례 전시회를 하고, 큰 호평을 받은 사진작가이다. 2015년에는 각국 대통령과 총리 등 세계 지도자들이 참석하는 대구 세계 물포럼에서 전시하기도 했다.

좋은 계절, 아름다운 정원이 펼쳐져 있는 서울 용산의 국립중앙박물관에서 그를 만났다. 그의 인생과 방송, 그리고 깊은 마음을 담아내는 사진 이야기를 들어보았다.

사람도 일도 두렵지 않아…

—

김병준 목소리가 예나 지금이나 변함이 없습니다. 특별히 관리를 하시나 보네요.

박찬숙 잘못 들으신 것 아닌가요? 귀가 나빠지셨거나…. (같이 웃음) 사실 목소리뿐만 아니라 피부나 미용 등 신체에 관한 것을 특별히 관리한 적은 없습니다. 건강한 몸을 주신 부모님께 감사할 따름이죠.

김병준 타고난 방송인이신가 봅니다. 방송은 언제 어떻게 시작하셨나요?

박찬숙 1968년, 대학 졸업 후 KBS 공개채용 1기 시험을 쳐서 들어갔습니다. 당시는 문화공보부 소속 방송직 5급을, 지금으로 치면 9급 공무원시험 같은 것이었죠.

김병준 KBS 아나운서를 5급 공무원으로 뽑았다는 것이 재미있습니다.

박찬숙 그때는 그랬습니다.

김병준 여성이 시사 프로그램을 하기가 쉽지 않는 시대였다고 생각합니다. 어떻게 시사 쪽으로 성장할 수 있었나요?

박찬숙 프로그램도 여성이 하는 것과 남성이 하는 것으로 구분되어 있었습니다. 여성은 주로 어린이프로 가족프로 음악프로 등을 맡았습니다. 그런데 나는 묘하게도 좌담 프로그램 같은 걸 많이 맡게 되었습니다. 당시는 남성들도 꺼리는 일이었죠.

김병준 꺼릴 이유가 있었나요?

박찬숙 모시기 어려운 분들을 만나는 것이라 겸손해야 하고 예의를 차려야 했습니다. 그러면서 질문은 질문대로 해야 했어요. 그런데 나에게는 이런 일이 그리 부담스럽지 않았습니다. 질문도 별 두려움 없이 했어요. 그러다 보니 점점 이런 걸 담당하는 사람으로 되어 갔습니다.

김병준 젊은 여성이 어떻게 그럴 수 있었을까요?

박찬숙 체질인 것 같습니다. 사람이나 일에 대해 두려움이 없는 편이죠. 덕택에 방송이 아니면 만나지 못할 분들을 많이 만났습니다.

김병준 특별히 기억나는 분이 있나요?

박찬숙 모두 귀한 분들인데 그중에서도 1970년대 초반 철기(鐵驥) 이범석 장군의 인터뷰를 잊을 수 없습니다. 김좌진 장군과 청산리전투를 같이했고, 정부 수립 후 초대 국무총리를 지낸 분입니다. 일정 기간 인터뷰를 해 나갔는데 여러 일이 있었습니다. 그래서 더 기억에 남아요.

김병준 어떤 일인가요?

박찬숙 자유중국(대만)의 장개석 당시 총통을 만나러 가게 되어 있었는데 정부가 여권을 내주지 않아 애를 태우셨습니다. 인터뷰를 해 나가는 중에 여권이 나왔어요. 그래서 너무 좋아하셨어요. 마침 항일 독립운동을 다루었던 회고록 《우둥불》이 출판되었는데, 이 책을 주시면서 대만을 갔다 올 테니 잘 읽고 독후감을 써 놓으라고 하셨어요. 그런데 그 며칠 후 갑자기 돌아가셨습니다. 가슴이 너무 아팠죠. 영결식 때 나와 인터뷰하셨던 말씀이 육성으로 나갔어요.

해직, 해직, 그리고 잘리고

—

김병준 입사 초년생, 20대 후반의 나이에 이런 큰 인물들과 인터뷰를 해 나갔다? 참으로 대단합니다. 앵커가 된 건 언제였나요?

박찬숙 1976년입니다. 사실은 방송을 그만두었다가 다시 들어왔습니다.

김병준 무슨 말인가요?

박찬숙 1973년 결혼을 한 뒤 KBS를 그만두게 되었습니다. 지금은 이해하기 어렵겠지만 당시 KBS가 공사(公社)로 바뀌면서 결혼한 여성들을 내 보냈습니다. 그래서 유학을 간 남편과 함께 외국에 머물고 있는데 KBS 최고위 임원으로부터 전화가 왔어요. 거기서 밥해 주고 있을 사람 아니니 들어오라고 했습니다. 회사로 돌아오니 보도방송 쪽으로 발령을 내주었습니다.

김병준 그래서 여성 앵커 1호로?

박찬숙 여성이 진행하면 뉴스가 가벼워진다는 생각이 있을 때였습니다. 남자 앵커 역시 자신의 권위가 떨어질까 걱정되어 여성과 진행하기를 꺼렸습니다. 내 경우도 남자 앵커들이 받아주지 않아 애를 먹었죠. 그러다 어떻게 주말 뉴스 자리를 잡을 수 있었습니다. 그게 시작이었죠.

김병준 1호라는 것에 자부심이 클 것 같아요.

박찬숙 그렇지 않습니다. 여성 의사나 여성 변호사 1호라고 하면 의미가 있을 수 있습니다. 자기 노력으로 이룬 것이기 때문이죠. 하지만 나의 경우는 회사가 발령을 내서 그렇게 된 것입니다.

김병준 아무 근거 없이 발령을 냈을까요. 인터뷰 실력이나 상황 분석력, 의미 전달 능력 등을 종합적으로 평가했을 것입니다.

박찬숙 언젠가 서울시립박물관이 도전적인 삶을 사는 여성을 주제로 전시회를 연 적이 있습니다. 사양을 하다가 결국 여성 앵커 1호로서 이력과 활동을 소개하게 되었어요. 그런 뒤 어떤 신문에서 칼럼을 읽었습니다. 1호의 진정한 가치는 첫 번째라는 숫자보다 그것을 통한 사회적 확산에 더 큰 의미를 두어야 한다는 내용이었습니다. 내가 여성 앵커가 된 이후 MBC를 비롯한 다른 방송사도 여성을 전면에 내세우기 시작했습니다. 이런 부분은 솔직히 뿌듯하죠.

김병준 그렇게 승승장구하며 잘 나가다가 험한 일을 당하셨습니다. 해직 말입니다.

박찬숙 1980년, 신군부가 들어서고 난 뒤 해직을 당했습니다. 담당이사를 찾아가 해직 사유를 물었더니 자신도 모른다고 하더군요. 어디선가 명단이 왔다는 거죠. 언젠가 읽은 책의 한 구절이 생각나 이렇게 말하고 나왔어요. "진흙탕에 박힌 수레바퀴도 위로 올라올 때가 있다. 오늘의 해직이 내일의 영광이 될 날도 있을 것이다. 걱정하지 마라."

김병준 그대로 받아들인 건가요?

박찬숙 그렇습니다. 그냥 해직이 아니었습니다. 3년간 재취업 금지였어요. 아무것도 할 수 없었습니다. 갑갑한 마음에 아파트 텃밭에 고추를 심고 가꿨어요. 그러던 중 동네의 작은 옷가게 주인 아가씨가 문을 닫고 대학원을 간다고 했어요. 바로 내가 하겠다고 했죠. 새벽에 동대문시장, 남대문시장에 나가 옷을 사다가 가게에 진열해 놓으면 아침 7~8시가 돼요. 그런 다음 가게 문을 열고요. 이렇게 2년을 했습니다.

김병준 소설도 썼던데요.

박찬숙 친구가 문화센터에 가서 시를 배우자고 했어요. 마지못해 따라갔는데 그 반은 이미 다 차고 자리가 없었어요. 그래서 등록한 게 소설반, 선생님이 작가 이호철 선생이었어요. 습작을 내었는데 이를 읽은 선생님이 왜 신춘문예에 내지 않았느냐며 격려를 해 주었습니다. 그게 계기가 된 거죠. 아하, 내게 글 쓰는 재주가 있나 보다 했습니다.

김병준 그래서 본격적으로 쓰게 되나요?

박찬숙 아닙니다. 띄엄띄엄 신문에 칼럼을 썼습니다. 당시 잘나가고 있던 여성잡지 《여원》에 〈박찬숙 칼럼〉이란 기명 칼럼을 썼습니다. 지금 생각하면 참 영광스러운 일이었죠. 그런 유명 잡지에 기명 칼럼을 쓴다는 게…. 그러면서 소설도 조금 썼습니다.

김병준 조금 쓴 정도가 아닌데요. 〈파꽃과 꼬리〉로 동서문학 신인상을 받았고, 이 작품이 포함된 소설집 《사막에서는 날개가 필요하다》를 내기도 했습니다. 그길로 계속 갔어도 되는 것 아닌가요?

박찬숙 능력이 부족한 걸 압니다. 평생 글쓰기에 매진해 오신 분들이 있지요. 문장 하나를 놓고 쓰고 또 쓰고, 국어사전이 닳도록 단어를 챙기는 분들이 있습니다. 어떻게 그분들과 같은 길을 갈 수 있겠습니까.

김병준 아무튼 그러다가 다시 프리랜서로 방송으로 돌아가게 되고, 1994년에는 〈라디오 정보센터 박찬숙입니다〉를 맡게 되셨네요.

박찬숙 누가 KBS 라디오의 정오뉴스 뒤에 시사프로가 들어간다는 소식을 전해 주었습니다. 바로 책임자를 찾아가 나에게 맡겨달라고 했습니다. 수십 년 방송을 하면서 어떤 프로그램을 맡겠다고 스스로 나선 것은 처음이었습니다. 그만큼 하고 싶었어요. 또 잘할 것 같았습니다.

김병준 좋은 프로였고 또 잘하셨습니다. 적절하고도 날카로운 질문으로 청취자들을 사로잡았죠. 나도 간간이 출연하곤 했습니다만.

박찬숙 질문이 공격적이라는 항의도 적지 않게 받았어요. 하지만 인기가 좋았습니다. 시사프로그램은 아침저녁 출퇴근 시간 청취율이 높아요. 그런데 이 프로는 점심시간인데도 청취율이 높았습니다.

김병준 그렇게 아끼던 프로그램을 왜 그만두셨나요?

박찬숙 2003년 6월까지 9년을 했습니다. 그리고 그만둔 게 아니라 잘렸어요. 이것만 잘린 게 아니라 맡고 있던 다른 방송사 프로에서도 차례차례 다 잘렸습니다. 이유는 몰라요.

김병준 당시 정부에 있던 사람으로서 당혹스럽네요. 그때로 돌아가 무엇이 이유인지 알아보았으면 좋겠습니다. 오해할 만한 소지가 있는 것 같아요. 어떻게 한 방송사가 아니라 복수의 방송사가 차례차례 그만두게 하나요. 정상적인 상황은 아닌 것 같습니다.

박찬숙 〈라디오 정보센터 박찬숙입니다〉를 그만두는 날 마지막 멘트로 이렇게 말했습니다. "제가 이 자리를 떠나게 되었습니다." '떠납니다'가 아니었죠. 타의에 의해 그만두게 되었다는 말이었습니다.

김병준 그러고는 곧 비례대표 국회의원이 되셨습니다. 방송을 계속할 수 있었으면 어떻게 했을까요? 방송과 국회 어느 쪽을 택했을까요?

박찬숙 당연히 방송이죠. 그런 점에서 한 가지 억울한 것이 있습니다. 적지 않은 사람들이 국회의원을 하기 위해 방송을 그만둔 것으로 생각합니다. 아닙니다. 방송을 더 이상 할 수 없게 되어 비례대표 국회의원직을 받아들인 것입니다.

사진? 당연히 '아마추어' 작가

—

김병준 사진을 찍으시죠. 언제 어떻게 시작하게 되었나요?

박찬숙 2011년이었습니다. 사업가이면서 30년 이상 사진작가로 활동하신 분이 40년이나 찍혀봤으니 찍는 것도 잘할 것이라 했습니다. 말씀이 재미있죠? 그 말을 듣고 바로 카메라를 샀습니다.

김병준 주로 무엇을 찍나요?

박찬숙 새벽이나 이른 아침, 물을 많이 찍어요. 새벽빛에 반응하는 물과 그 결, 물에 비친 거미, 비를 맞고 있는 꽃 등이죠. 너무 아름다운 소재들입니다. 물은 빛과 바람에 따라 전혀 다른 모습을 보입니다. 빗속에 있는 꽃은 빛 속에 있는 꽃보다 더 아름답습니다. 스스로 많이 놀라요.

김병준 전시회도 여러 차례 한 것 같습니다.

박찬숙 2011년과 2014년 개인전을 했습니다. 그리고 2015년 대구에서 세계 물 포럼이 열렸을 때 조직위원회의 요청을 받아 일주일 동안 전시를 했습니다. 여러 나라의 대통령과 총리들까지 참석한 포럼이었죠. 정말 큰 영광이었습니다.

김병준 첫 전시가 2011년이면 찍기 시작하자마자 바로 개인전을 했다는 말 아닌가요?

박찬숙 그렇습니다. 6개월 만에 개인전을 했어요. 사계절을 찍어 보지도 않고 무슨 개인전이냐 하는 사람도 있었습니다. 하지만 꼭 얼마 만에 하라는 법이 있나요. 이렇게 하는 것이 '박찬숙 스타일'이라고 했습니다.

김병준 기술이나 숙련의 문제라면 얼마나 길게 했느냐가 중요하겠지만 사진의 본질은 그런 게 아닌 것 같아요. 6개월 만에 왜 못하느냐는 말에 동의합니다.

박찬숙 누구나 다 같은 것을 보는 것은 아닙니다. 모두들 자신이 볼 수 있는 것만 보죠. 그래서 시선이 어디에 멈추느냐, 즉 무엇을 볼 수 있느냐가 중요합니다. 또 그를 통해 무엇을 느끼느냐가 중요하죠. 찍는 것 자체는 오토에 놓고 그냥 누르면 되죠. 특별한 조작도 하지 않아요. 누구로부터 체계적으로 배운 적도 없습니다.

김병준 스스로 어떻게 생각하십니까? 아마추어인가요, 아니면 프로인가요?

박찬숙 당연히 아마추어죠. 우리 같은 사람을 프로라고 하면 이 일에 수십 년 헌신해온 분들을 모욕하는 것입니다. 두말할 것 없습니다. 아마추어입니다.

김병준 여전히 용기가 대단하시네요. 젊은 시절 두려움 없이 인터뷰를 할 때나, 냅다 옷가게를 시작하는 것, 소설을 쓰는 것, 그리고 이렇게 사진을 찍어 전시회를 여는 그런 용기가 부럽습니다.

박찬숙 용기로만 이야기할 것은 아닙니다. 용기는 주저하다가 하는 것인데 나는 그냥 자연스럽게 합니다. 해야 할 일이라고 판단하면 망설이지 않아요. 그런 자세가 오늘의 나를 만들었습니다.

김병준 용기 얘기가 나왔으니 하나 더 물어볼게요. 세상이 똑바로 안 돌아가니 우리 사회 구성원 전체가 미래에 큰 불안감을 느낍니다. 젊은이들에게 어떻게 살아가라고 할까요?

박찬숙 인공지능을 비롯한 4차 산업혁명으로 수많은 일자리가 사라진다고 하죠. 생기는 건 그 반의반도 될까 말까 하고요. 엄청난 속도의 변화죠. 불안해질 수밖에 없는데 달리 어떡하겠습니까. 인정하면서 방법을 찾는 수밖에 없죠. 적극적이고 능동적인 대처만이 새로운 기회를 만들 수 있습니다.

김병준 박 선생님의 삶의 이력 자체가 많은 분들에게 용기를 줄 것 같습니다. 감사합니다.

인순이

가수,
대안학교 만들어 다문화 아이들과 함께

내가 세상에 빚을 갚는다면
이 일이 가장 '예쁜 일'일 수 있다고 생각했다.
내 가슴속 상처를 건드리지 않고는 꺼낼 수 없는 것,
이것이 아이들을 위한 선물이 될 것 같았다.

가수 인순이 씨를 이 책의 〈대담〉에 모셨다. 국민가수로서의 이야기를 듣고 싶어서가 아니었다. 그의 또 다른 인생, 그가 2013년에 세운 다문화 대안학교 '해밀학교'의 이사장으로서 이야기를 듣고 싶어서였다.

이야기를 나누기 전, 아주 특별한 무엇을 기대하지 않았다. 어린 시절을 가난하고 힘들게 보낸 사람들이, 돈을 많이 번 후 불우한 아이들을 돕는 경우가 없지 않은 터, 그런 분들의 이야기 정도가 나오지 않을까 생각했다.

하지만 아니었다. 보통의 성공한 사람은 힘들고 어려웠던 과거를 묻을 수 있지만, 피부색은 그렇지 않았다. 성공을 해도, 인기가 올라도 그 '상처'는 늘 현재였다. 성공으로 살짝 가려질 수는 있으나, 그것은 그의 말대로 '구멍' 속에 머리만 밀어 넣은 너구리가 자신을 완전히 숨겼다고 생각하는 것일 뿐, 상처 자체를 묻을 수는 없는 일이었다.

다문화 아이들을 위한 학교를 운영한다는 것은 엷게 가려져 있는 그 '상처'를 다시 들여다보는 일이었다. 구멍 속에 머리만 밀어 넣은 자신의 모습을 확인하는 일이었다. 착각이든 뭐든 완전히 숨겼다고 생각하며 혼자 행복하게 살면 되는 일, 왜 굳이 이를 확인하려 했을까? 그 과정에서 겪은 아픔은 또 어떠했을까?

이야기를 나누는 동안 여러 번, 질문을 하는 사람과 배석한 사람 모두 숙연해지기도 했다. 그의 또 다른 인생, 해밀학교의 설립과 운영에 대한 이해와 존경의 표시였다.

보디빌더 인순이

—

김병준 보기 좋으시네요. 체력 관리와 몸 관리를 철저히 하시는 것 같습니다.

인순이 열심히 합니다. 오래오래 노래하고 싶어서요. 노래도 체력이 뒷받침되어야 합니다. 또 저는 대중 앞에 서는 사람입니다. 나이 들어 변하는 모습이야 어쩔 수 없지만 최선을 다해 건강한 모습을 보여주고 싶습니다.

김병준 그래도 참 쉽지 않은 일인데요.

인순이 심란해질 때는 운동이 최고죠. 이를테면 2015년 메르스 사태가 왔을 때 공연이 모두 취소되었죠. 한동안 TV 앞에만 있을 수밖에 없었는데, 그런 내 모습이 너무 한심했어요. 그래서 그때도 보디빌딩을 집중적으로 했습니다.

김병준 보디빌더 대회에 출전하기도 하셨죠?

인순이 그렇습니다. 나에게 동기부여를 하려고 시작했습니다. 거울 앞에 접착 메모지를 수십 장 붙였어요. '이러다가 잊혀진다' '나를 컨트롤하고 싶다' '나를 이기고 싶다' 등 말이죠. 3개월 동안 지독하게 운동하고 대회에 나갔어요. 등수는 처음부터 안중에 없었습니다.

김병준 솔직히 나이도 있는데 많은 사람을 놀라게 했어요.

인순이 막상 무대에 올라가기 20분 전에는 도망가고 싶었습니다. 하지만 이것도 내 인생, 이미 피할 수 없는 일이면 즐겨야 한다고 생각하며 무대에 올라섰죠. 특히 보디빌더 복장에 대한 두려움이 있었는데 그것도 "스포츠인데 뭐가 문제냐"며 나 자신을 설득했습니다.

다문화 대안학교 '해밀'

—

김병준 또 하나의 도전, '해밀 다문화 대안학교' 이야기를 해 볼까요. 강원도 홍천에 세우셨는데요, 먼저 '해밀'이 무슨 뜻인가요?

인순이 '비가 온 뒤에 맑게 갠 하늘'이라는 뜻입니다. 순 우리말입니다. 흔히들 '젊어서의 고생은 사서도 한다'고 하잖아요. 그래야 더 큰 꿈을 이룰 수 있다고 말이죠. 그런 뜻과도 닿아 있습니다.

김병준 소리도 뜻도 참 고운 것 같습니다.

인순이 많은 분들이 '다사랑' '다무지개' 등 '다'가 들어가는 이름을 제안해 주셨습니다. 다문화라는 의미를 담기 위한 것이었는데 오히려 우리 사회와 더 떨어진다는 기분이 들었어요. 그래서 사전을 찾고 인터넷을 뒤져 '해밀'을 찾았습니다.

김병준 학생은 몇 명이나 되나요? 또 주로 어떤 아이들인가요?

인순이 중학교 과정 20명 정도입니다. 절반이 다문화가정 출신이죠. 나머지는 한국인 가정 출신으로 외국에서 살다가 한국말을 잘못하는 상태로 입국한 아이도 있고, 일반 학교에 적응하지 못한 탈북자 아이도 있습니다. 우리 사회에 난민도 꽤 있는데, 그 아이들도 받을 계획을 하고 있습니다.

김병준 한국인 학생들을 함께 받는다는 것이 흥미롭습니다.

인순이 다문화 아이들도 어차피 한국에서 살아가야 합니다. 같이 지내며 배우는 것이 좋죠. 그리고 한국 학생들도 아픔이 하나 둘씩 있는 아이입니다. 서로 아껴주고 밀어주며 자라는 것이 바람직하죠.

김병준 조금 다른 이야기입니다만 일본 대학에 연구교수로 갔을 때, 고등학교 1학년짜리 큰딸을 국제학교에 보냈거든요. 나라도 다르고 피부색도 다른 아이들이 많이 다녔는데, 그 결과인지 모르겠습니다만 이 딸은 인종적 편견이 전혀 없습니다. 인격과 역량 등이 인종이나 피부색과는 전혀 관계없다는 것을 체득한 것이죠.

인순이 서로 어울려 살면서 그렇게 되는 것이겠죠.

김병준 기숙학교, 즉 먹고 자고 하는 학교죠? 또 전액 무료로 운영한다는 이야기도 들었습니다.

인순이 그렇습니다. 홍천에 있고, 또 부모들이 일일이 챙겨줄 수 없는 상황이니 기숙학교로 운영하는 게 당연합니다. 등록금 등도 처음에는 이런저런 의미를 부여해 아주 조금 받았습니다만 이제 받지 않습니다.

김병준 어쨌든 전액 무료라는 게 쉽지 않죠. 어려움이 많이 있겠습니다.

인순이 그렇습니다. 우선 선생님들이 애를 먹어요. 24시간 같이 있으면서 학생들을 가르치고 보살피며 또 품어 주어야 합니다. 그러고도 급여는 최저 임금 수준, 그야말로 헌신이죠. 나도 적극적으로 기부금을 내지만 후원자 도움이 없으면 운영이 어렵습니다.

가장 예쁘고 아름다운 일

김병준 어떻게 이런 학교를 운영하기로 하셨나요?

인순이 가까운 사람들에게 이렇게 이야기합니다. 무엇에 덮어 씐 모양이라고. 전혀 모르는 분야 아닙니까. 나 자신이 이런 일을 벌였다는 게 믿어지지 않을 때가 적지 않아요.

김병준 평소에도 사회적 기부활동에 적극적이었다는 평가를 받고 있는데요.

인순이 사랑을 많이 받았습니다. 나이 들어서도 열정 가득한 젊은 가수들과 함께 활동한다는 게 기적 같은 일 아니겠어요. 받은 사랑을 조금이라도 나누어야 한다고 늘 생각했습니다. 어머니가 돌아가신 5월이면 양로원을 생각했고, 어려운 이야기가 많이 들리는 12월이면 아이들을 위한 일을 생각했습니다. 5월은 양로원, 12월은 아이들,

한동안 그렇게 생각이 왔다 갔다 했습니다.

김병준 그런데 어떻게 학교를?

인순이 2010년 라디오를 듣는데, 다문화가정 아이들의 고등학교 졸업 비율이 28%밖에 되지 않는다고 했어요. 그 순간 내가 살아온 길이 생각났습니다. 동시에 아이들이 겪을 어려움과 정체성 혼란, 그리고 그로 인한 고통이 떠올랐죠. 하지만 멈칫했어요. 말하기 힘든 고민이 있었기 때문입니다.

김병준 비용 때문인가요?

인순이 돈이나 숫자에 대해서는 개념이 없는 편입니다. 얼마나 들어갈지에 대해서는 깊은 생각이 없었습니다.

김병준 그러면 어떤 문제였나요?

인순이 피부색이나 인종은 세탁할 수도 지울 수도 없습니다. 그런데 나는 이런 사실을 잊고 살았던 것이죠. 아니, 잊은 것처럼 살고 싶었던 거죠. 너구리가 구멍 속에 머리를 넣고 스스로 잘 숨었다고 하듯 나 역시 '성공한 인순이'란 구멍 속에서 내가 어떤 사람인지를 애써 잊으려 했던 것입니다. 그러니 망설일 수밖에 없었어요. "지금 왜 내가 어떤 사람인지를 분명히 드러내야 하지?" "왜 내가 다시 그 자리로 돌아가야 하지?" 이런 문제였습니다. (참석자 모두 숙연한 모습)

김병준 무슨 말을 해야 할지 모르겠습니다.

인순이 학교를 운영하기 위해, 또 여기저기 후원과 도움을 요청하려면 내가 아팠다는 이야기를 할 수밖에 없습니다. 그냥 잘난 듯이 "아이들이 불쌍해서 이걸 해요"라고 말할 수는 없잖아요. 두려웠습니다. 나 스스로 이를 감당해 낼 수 있을지, 또한 내 자식과 시집 식구들이 어떻게 받아들일지도 걱정스러웠습니다.

김병준 다시 한 번 무슨 말을 해야 할지 모르겠습니다. '내가 아팠다는 이야기를 할 수밖에 없었다'는 말이 아프게 다가옵니다. 앞서 말씀하신 '너구리가 구멍 속에 머리를 넣고 잘 숨었다고 하듯'이란 말씀도 그렇고요. 결국 스스로 가진 상처를 다시 들추어 보는 고통을 겪어야 했다는 말씀으로 들립니다.

인순이 나 자신에게 다그치듯 물었어요. "너도 아이 키우는 엄마 아니냐?" "그렇게 많은 사랑을 받고도 아직도 거기서 헤어나지 못하고 있니?" "너 자신 없어? 네 가슴속이 어떻든 남들 앞에서 그렇게 당당하고, 심지어 당돌하게까지 살아오지 않았니?"

김병준 스스로 어떻게 답하셨나요?

인순이 내가 세상에 빚을 갚는다면 이 일이 가장 '예쁜 일'일 수 있다고 생각했습니다. 가슴속 상처를 건드리지 않고는 꺼낼 수 없는 것, 이것이 아이들을 위한 선물이 될 것 같았습니다. 그래서 결심했어요. "상처도 아픔도 다 내어 놓자. 모든 것을 이야기함으로써 아이들에게 도움이 되자." (참석자 모두 다시 숙연한 모습, 일부는 눈시울을 붉히기도)

김병준 누구도 짐작하지 못할 고민이었던 것 같네요.

인순이 힘든 결정이었죠. 솔직히 그랬습니다.

온 동네가 가르치는 학교

김병준 교육 내용이 일반 학교와 많이 다를 것 같습니다.

인순이 국어, 영어, 수학, 과학 등 기본은 똑같이 가르칩니다. 검정고시를 봐야 하기 때문이죠. (이 〈대담〉 이후 해밀학교는 정부가 인정하는 정식 대안학교가 되어 검정고시를 거치지 않아도 되게 되었다) 오히려 추가되는 것이 많아요.

김병준 어떤 과목이 추가되나요?

인순이 일례로 농사를 짓습니다. 씨를 심은 후 싹이 나오고 꽃이 피는 것을 보며 기다립니다. 기다림을 배우는 거죠. 심한 바람이 불고 비가 오면 행여 잘못되면 어쩌나 하는 측은지심을 가지게 됩니다. 또 열매를 수확하고 이것이 팔려나가는 것을 보며 시장과 돈을 배웁니다. 한 예로 우리가 수확한 옥수수를 파는데요. 잘 팔립니다. 아이들은 이걸 보며 다음 여름을 생각합니다. 또 한 번 기다리는 걸 배우는 거죠. 또 부모님들이 가족들을 위해 얼마나 수고를 하는지도 느끼게 되고요.

김병준 큰 교육이 되겠습니다. 세계적으로 유명한 혁신교육 프로그램에서 그와 유사한 교육을 하는 걸 본 적이 있습니다.

인순이 다른 것도 여러 가지 합니다. 닭 등의 가축도 키웁니다. 물론 각자 맡은 역할들이 있고요. 또 국토순례를 하고 태권도, 수영 등을 배웁니다. 그리고 합의를 이끌어내기 위한 끝장토론을 하고, 각기 다른 의견을 지혜롭게 다루어 나가며 스스로 규율하는 법을 만들기도 합니다. 이를테면 휴대폰에 너무 매달려 있지 않기 위해 평일 사용 금지 규정을 학생들 스스로 만들었습니다.

김병준 이런 걸 누가 다 지도하고 보살피나요? 전임 교사만으로는 안 될 것 같습니다.

인순이 많은 분들이 도움을 줍니다. 운동은 청소년 수련관과 동네 태권도 체육관에서 도와주십니다. 옆에 군부대가 있는데 이곳 군인들이 토요일 일요일에 국·영·수 보충수업을 해 주시고요. 동네 분들 역시 때때로 농사 관련 강의를 해 주시죠. 옛말에 아이 하나 키우려면 온 동네가 나서야 한다고 했는데 그 말이 딱 맞더라고요.

김병준 참 고마운 분들이네요.

인순이 그러다 보니 개교기념일이나 축제 때면 온 동네가 잔치를 해요. 후원자 분들도 오시고, 동네 분들도 삼겹살에다 김치까지 잔뜩 가져와 축하해 주기도 하고, 옆 게이트볼 구장에서 서로 편 나눠 시합을 하고… 정말 재미있어요.

김병준 사실 다문화 아이를 대안학교에 모아 따로 가르치면 사회 적응이 어렵지 않겠느냐고 생각했습니다. 그런데 이런 상황이면 걱정할 게 없겠네요.

인순이 대안학교 들어서는 것을 반대하는 지역이 있는데 우리 경우는 그렇지 않습니다. 오히려 너무나 많은 도움을 받고 있습니다.

김병준 아이들은 어떤가요? 학교 생활에 잘 적응하고 있나요?

인순이 그렇다고 생각합니다. 한국말을 못 하는 아이도 6~7개월이 지나면 움츠리고 있던 모습이 사라집니다. 친구들에게 언성을 높이기도 하고 선생님과 다투기도 하죠. 그런 모습에 오히려 감사합니다.

김병준 공부하는 건 어떤가요?

인순이 비교적 잘하고 있습니다. 고등학교 진학해서 학생회장을 맡은 아이도 있어요.

'굳은살' 내공

—

김병준 아이들이 뭐라 부릅니까?

인순이 '선생님' '쌤' 이렇게 부르죠.

김병준 바쁜 일정 때문에 아이들과 자주 어울리지는 못하실 것 같습니다.

인순이 그렇습니다. 일을 해야 하기 때문이죠. 그래야 아이들을 먹여 살릴 수 있죠. (웃음) 또 후원자를 찾아다니기도 해야 합니다.

김병준 아이들이 연예인이라 특별히 대하지 않나요?

인순이 첫 대면 때는 그런 경향이 있었어요. 하지만 그런 순간만 지나면 전혀 그렇지 않습니다. 특별한 존재로 여기지 않아요. 나 역시 마찬가지입니다. 아이들과 같이 트레이닝 바지를 입고 다닙니다. 인터뷰 등이 있을 때 화장을 하고 가면 아이들이 그러죠. 화장 지우라고, 선생님 같지 않다고. (웃음)

김병준 어떤가요? 우리 사회가 다문화가정에 대해 좀 더 잘해 주어야 하지 않나요?

인순이 어디 다문화가정만 어렵나요. 부모 없이 할아버지, 할머니가 키우는 조손가정 아이들은 더 힘들죠. 그래서 다문화 아이들에게 말합니다. 한국 아이들과 똑같은 대접을 받을 생각은 하지 말라고, 강하게 살라고 합니다. 사실 상처에 굳은살을 만들어가며 살아야 합니다. 그것 외에는 길이 없습니다.

김병준 '굳은살'이라? 가슴에 와 닿은 말입니다만, 아이들에게 너무 가혹한 말 아닐까요?

인순이 세탁할 수도 지울 수도 없는 것을 어떡하겠습니까. 안고 가는 수밖에 없습니다. 그러나 이를 가슴 아픈 돌덩이로 안고 갈 것인가, 아니면 때때로 스쳐가는 바람처럼 안고 갈 것인가는 다르죠. 강해져야 합니다. 그래야 스쳐가는 바람처럼 안고 갈 수 있습니다.

김병준 다문화가정을 비롯해 많은 분들이 어렵습니다. 특히 많은 젊은이들이 절망하고 있습니다. 다시 한마디 더 해 주시면?

인순이 넘어진 자리에서 다시 일어나 걸어야 합니다. 그리고 나를 알고, 내 그릇에 맞는 꿈을 가꾸어야 합니다. 소극적으로 살라는 말이 아닙니다. 장미를 보고 아름다운 꽃에 가시가 있다고 말할 수도 있고,

가시나무에 아름다운 꽃이 피었다고 말할 수도 있습니다. 자신의 한계와 상처를 얼마든지 긍정적 에너지로 바꿀 수 있다는 말입니다. 그런 과정에서 작은 꿈이 큰 꿈으로 커갈 수 있습니다.

김병준 어렵게 사는 분들에게 노래 한 곡을 권한다면?

인순이 당연히 '거위의 꿈'이죠. "버려지고 찢겨 남루하여도 내 가슴 깊숙이 보물과 같이 간직했던 꿈"을 얘기합니다. 꿈을 사치라고 여기지 말고 나를 키우는 가장 소중한 밑거름이라고 여기면 좋겠습니다.

김병준 '상처를 가슴 아픈 돌덩이로 안고 갈 것이냐, 아니면 스쳐가는 바람처럼 지나가게 할 것인가?' '굳은살'의 내공이 담긴 말씀, 감사합니다. 많은 것을 배우는 자리였습니다.

최재천

교회 나가며 '공존'의 세상 꿈꾸는 진화학자

독불장군이 살아남을까? 아니다.
살아남기 위해서라도 같이 가야 한다.
그게 진화론이 말하는 적자생존의 뜻이다.

최재천 교수는 진화론을 따르는 과학자이자 인문학자다. 열대 정글에서 동물의 삶을 관찰하고, 학교에서는 과학과 인문학 그리고 예술을 넘나드는 '통섭(consilience)' 즉 범학문적 연구와 강의를 한다.

그는 남성 우월적 제도와 문화의 모순을 지적하고, 성장 중심의 정책을 염려한다. 또 자유롭고 경계 없는 교육 등을 주장한다. 진화론과 '통섭'에 기반한 이러한 지적과 염려, 그리고 주장들은 시각이 다르고 접근 방법이 다른 만큼 늘 신선한 '충격'으로 우리에게 다가온다.

우리가 받는 충격에 비해 그의 모습은 아주 평온하다. 늘 푸근한 차림새에 밝게 웃는 얼굴이다. 진화론자이면서도 교회에 나가고, '공존'이 '적자생존'의 한 양태라 이야기한다. 진화론과 진화학자의 몰랐던 면을 보는 듯하다.

하버드대학에서 생물학 박사학위를 받았다. 생물학적 지식을 이용하여 사회현상을 연구하는 사회생물학의 창시자이며, 범학문적 접근이라 할 수 있는 '통섭'을 주창한 에드워드 윌슨(Edward Wilson)이 그의 스승이다. 미국 미시간대학 교수와 서울대 교수를 거쳐 이화여대 석좌교수로 있다. 한국생태학회 회장과 환경운동연합 대표, 그리고 국립생태원 초대 원장 등을 지냈으며, 《통섭의 식탁》《생명, 알면 사랑하게 되지요》《개미제국의 발견》《다윈지능》 등 30여 권의 저서와 번역서가 있다.

남자가 예뻐져야 하는 사회

—

김병준 진화론, 사회생물학, 그리고 '통섭'… 재미있는 말씀이 많을 것 같습니다. 하지만 일반 독자들을 생각할 때 어디서부터 어떻게 물어야 할지 모르겠습니다. 생소한 부분도 있을 것 같고요.

최재천 물어주시면 그대로 따라가겠습니다.

김병준 먼저 재미있는 주제부터 하나 여쭈어 보겠습니다. 생물학적으로 보았을 때 남성 우위의 사회를 일종의 모순이라 말씀하신 것 같은데 제대로 이해를 한 건가요?

최재천 맞습니다. 자연계에서는 대체로 암컷의 힘이 강하죠. 번식의 주체이기 때문입니다. 많은 경우 암컷이 수컷을 선택합니다. 수컷이 아름다운 이유가 바로 그것 때문이죠. 암컷에게 매력적으로 보여야만 선택을 받을 수 있습니다.

김병준 예외 없이 그런가요?

최재천 일정한 영역 안에서 수컷 중 가장 센 알파 수컷이 암컷을 여럿 거느리는 일부다처의 경우도 있습니다. 하지만 이건 오히려 소수입니다. 대부분은 암컷이 수컷을 선택합니다.

김병준 그러나 인간의 경우 현실적으로 어느 종족 할 것 없이 남성 우위의 문화가 나타나고 있는 것 같은데요.

최재천 인간이 존재한 지 25만 년 정도가 되는데 지난 1만 년 정도만 그런 것 같습니다. 나머지 세월은 다른 영장류와 마찬가지로 여성이 우위에 있었을 가능성이 큽니다.

김병준 무엇이 지난 1만 년을 그렇게 만들었나요?

최재천 농경시대의 도래죠. 수렵시대만 해도 남성의 생산능력이 그리 뛰어나지 않았을 것입니다. 하루 종일 들판을 헤매다 아무것도 잡지 못하고 돌아오곤 했을 것입니다. 그러다 농경시대가 오면서 남성의 생산능력이 커지게 되었습니다. 힘으로 농사를 짓고 수확을 하고, 그리고는 곳간을 지배하게 되었을 것입니다.

김병준 그런데 이게 지금 변한다는 말 아닌가요?

최재천 지금은 근육으로 생산하는 시대가 아닙니다. 여성도 돈을 벌지 않습니까. 변할 수밖에 없죠. 여성이 남성보다 경제적인 면에서 더 우월해야 여성 우위의 사회가 오는 게 아닙니다. 여성이 경제적으로 독립할 정도만 되면 많은 게 달라집니다. 남성이 그만큼 덜 필요하기 때문이죠. 남성이 결혼이라도 하려면 여성에게 잘 보여야 합니다.

김병준 늘 말씀하시는 것처럼 화장도 해야 하고요?

최재천 그렇습니다. 예뻐져야 합니다.

김병준 결혼제도가 무너지는 것 아닌가요? 유럽 같은 경우 결혼을 하지 않고 아이를 낳는 혼외 출산율이 50% 안팎에 이릅니다. 우리는 여전히 1~2% 정도입니다. 하지만 추세선의 끝이 고개를 바짝 들고 있습니다.

최재천 완전히 무너질 것 같지는 않습니다. 인간이라는 존재가 속절없이 사랑에 빠지는 속성을 갖고 있기 때문이죠. 또한 자식을 기르는 데도 다른 동물보다 손이 많이 갑니다. 여성 혼자 키우기가 어렵다는 말입니다. 하지만 앞으로는 결혼의 구속력이 크게 떨어질 것입니다. 여러 차례 결혼하고, 여러 차례 헤어지고 그럴 것입니다. 결혼도 이혼도, 또 재혼도 많아진다는 말이죠.

다윈의 후예

—

김병준 사회생물학(Social Biology)을 하십니다. 생물학적 지식, 특히 찰스 다윈(Charles Darwin)의 진화론을 기초로 사회현상이나 사회변화를 연구하는 학문이죠. 당연히 신이 인간을 창조했다는 내용의 창조설이나 이를 믿는 교회와 대립할 수밖에 없는 입장이고요. 미국과 같이 기독교적 전통이 강한 나라에서는 여러 가지 사회적 압박으로 공부하기가 쉽지 않은 것으로 알고 있습니다.

최재천 지금은 많이 나아졌습니다. 하지만 내가 학생이었던 시절만 해도 사회생물학 공부를 한다는 말을 잘하지 못했어요. 누가 행패라도 부리지 않을까 걱정할 정도였습니다.

김병준 실제로 사회생물학의 창시자이자 은사이신 하버드대학의 에드워드 윌슨(Edward Wilson) 교수도 물세례를 받는 등 여러 가지 어려움을 겪지 않았습니까?

최재천 그렇습니다. 학교 밖에서는 물론, 같은 학과의 동료 교수들로부터도 강한 비판을 받곤 했습니다.

김병준 사실 미국서 대학원 다니던 시절에 윌슨 교수의 《곤충사회(Insect Society)》를 읽은 적이 있습니다.

최재천 아, 그 책을 어떻게? 윌슨 교수의 첫 저술이자 최고의 책이죠. 『뉴욕타임스』가 "책은 모름지기 이래야 한다"는 내용의 서평을 게재하기도 했습니다. 자연계와 사회현상을 포괄해서 볼 수 있는 큰 그림에 더해, 이를 이해하기 위한 구체적인 내용까지 담고 있습니다. 정말 멋진 책입니다.

김병준 솔직히 끝까지 읽지는 못했습니다. 내 생물학적 상식으로는 감당이 되지 않았습니다. (웃음) 노무현 대통령이 퇴임한 후의 이야기입니다만 대통령과 인간의 본성에 관한 이야기를 하다가 이 책을 말씀드렸죠. 읽어보시라 한 건 아니고요. 그런데 다음에 만났더니 "아니, 이렇게 어려운 걸 읽으라고…" 하시더군요. 일부 번역시켜 읽으신 모양이었습니다. 사실은 나도 어려워서 다 못 읽었노라 말씀드리고, 같이 한참 웃었던 적이 있습니다.

최재천 예. 생물학적 지식이 좀 있으면 읽기가 좋죠.

김병준 어쨌든 사회생물학이란 것 자체가 충격적이었습니다. 인간을 생존

욕구와 번식 욕구만을 가진 DNA의 결집체로 보는 것도 놀라운 일이었고, 인간이 만든 문화와 제도 등, 모든 것을 이러한 DNA의 작용으로 보는 것도 놀라운 일이었습니다. 심지어 신(神)도 영생의 욕구를 가진 DNA가 만들어 낸 허상이라는 주장도 있고요. 교회가 얼마나 못마땅해 할까 걱정되었습니다.

최재천 비판은 오히려 진보 진영으로부터 더 강하게 왔습니다. 모든 걸 DNA의 작용으로 환원해서 설명하면, 존재하는 모든 것이 다 그만한 이유가 있는 것으로 정당화된다는 비판이었죠. 말하자면 보수적이라는 거죠.

김병준 정말 그런가요?

최재천 전혀 그렇지 않습니다. 오히려 진보적이죠. 그래서 매력을 느끼며 공부했고, 또 하고 있습니다. 일례로 나는 교육에 대해 일일이 다 가르쳐줄 것이 아니라 스스로 터득하게 하자는 생각을 갖고 있습니다. 어미 새는 나는 것을 보여줄 뿐 날개를 이렇게 저어라, 저렇게 저어라 새끼를 쪼아대지 않죠. 이런 게 다 생물학적 상식과 지식으로부터 나오는 것 아니겠습니까.

김병준 호주제 폐지 논쟁이 붙었을 때 헌법재판소에 호주제가 사회생물학적으로 모순이라는 의견서를 내셨죠? 당시 재판부는 물론 사회 전체에 반향을 일으켰습니다. 사회생물학이 얼마나 진보적일 수 있는가를 보여 준 사례가 아닐까요.

최재천 그 일이 있은 뒤 외국에서 열리는 사회생물학 학회에 갔는데 코넬

대 교수가 나를 일으켜 세우더니 이렇게 말하더군요. "우리는 줄곧 여성 운동가들로부터 보수적이라고 공격받는데 최 교수는 그들과 손잡고 호주제 폐지운동을 했다. 그래서 상도 받았다. 우리가 공부하는 것이 이런 것이다. 최 교수가 멋있게 해냈다." 모든 참석자가 내게 기립박수를 보내주었죠.

김병준 말이 나온 김에 한 번 물어볼게요. 정말 우리의 생각이나 의지가 모두 DNA의 작용인가요? DNA로부터 떨어진, 나름의 독립된 생각이나 의지를 가질 수는 없나요?

최재천 지구상에 존재하는 생물을 놓고 DNA 영향을 많이 받는 순서대로 줄을 세우면 인간은 제일 끝에 설 것입니다. 어떤 박테리아가 제일 앞에 설 것이고요….

김병준 독자적인 생각이나 의지를 가질 수 있다는 말인가요?

최재천 그렇지는 않습니다. 내가 쓴 책 《다윈지능》의 〈유전자 장〉 이론에서 말했듯이 인간이 하는 모든 일은 DNA 손바닥 안에 있습니다. 상대적으로 영향을 덜 받기는 하겠지만 DNA로부터 벗어날 수는 없습니다.

김병준 모든 것이 DNA 손바닥 안에 있다? 그리고 그 DNA는 적자생존의 환경 속에서 오로지 살아남기 위해 움직인다? 그 DNA의 집합체 내지는 결집체인 인간도 그렇게 움직이고? 어째 좀 살벌한 느낌이 드네요. 결국은 모두 이기적이고 투쟁적이 된다는 말 아닙니까?

최재천 그렇지 않습니다. 독불장군이 살아남을까요? 아닙니다. 살아남기 위해서라도 같이 가야 합니다. 다윈 선생이 '적자생존(survival of fittest)'을 이야기했는데, 이것도 제일 잘 적응하는 자만이 살아남는 다는 뜻이 아닙니다. '적응을 잘하는 쪽'이라는 의미의 'fitter' 즉 비교급을 썼어야 하는데 최상급인 'fittest'를 쓰는 바람에 뜻이 왜곡되고 있습니다. 선생의 작은 실수죠. 어쨌든 원래의 뜻은 일정한 적응력만 있으면 살아갈 수 있다는 것이고, 남의 손을 잡고 공생과 공존을 추구하는 쪽이 경쟁에서 이긴다는 것입니다.

김병준 같이 진화하고 발전한다는 뜻의 '공진화(co-evolution)'가 그런 말 아닌가요?

최재천 그렇습니다. 서로 경쟁하는 항공사도 노선을 공유하고 승객의 마일리지를 서로 인정해 주는 '코드셰어(code share)'를 합니다. 생물의 세계도 마찬가지죠. 공진화를 따로 이야기할 필요가 없습니다. 진화 자체가 공진화입니다.

통섭(consilience)의 철학, 행복한 진화학자

—

김병준 이야기를 나누다 보니 세상을 정말 큰 틀에서 본다는 생각이 듭니다. DNA에서부터 인간이 만든 모든 제도와 질서에 이르기까지 말이죠. 인류의 역사와 문화를 모두 보는 것 같습니다.

최재천 그래서 에드워드 윌슨 교수도 나도 통섭을 이야기합니다. 이 분야, 저 분야 모두 합쳐서 볼 줄 알아야 합니다. 또 긴 흐름을 넓고, 크게 봐야 합니다. 유발 하라리(Yuval Harari) 교수의 《사피엔스(Sapience)》와 다이아몬드(Jared Diamond) 교수의 《총균쇠(Guns, Germs, and Steel)》 같은 책이 돌풍을 일으키고 있습니다. 모두 이런 통섭*의 시각과 방법, 즉 인류역사 전체의 흐름을 이 분야 저 분야 학문의 통합을 통하여 보고 있는 책입니다.

* 통섭: 인문학과 사회과학, 그리고 자연과학 등, 다양한 분야의 학문을 통합해 새로운 지식과 설명을 만들어내는 범학문적 연구 또는 접근.

김병준 '통섭' 이 말을 우리나라에서는 처음으로 사용하셨죠? 공부를 업으로 하는 사람들 사이에서는 이제 거의 일상적인 말이 되어 있습니다만.

최재천 에드워드 윌슨 교수의 '컨실리언스(consilience)'를 옮긴 말이죠.

김병준 학문적 접근을 넘어, 다양한 지식과 경험을 가진 '통섭형 인간'을 만드는 일에도 열심인 것 같습니다. '무동학교' 교장을 맡고 계신 것을 말씀드리는 것입니다만.

최재천 (웃음) 사양에 사양을 거듭하다 결국 맡고 말았습니다. 숫자를 많지는 않습니다만, 어쨌든 문과 출신 학생들에게 정보통신기술, 경제경영, 생명과학 등 다양한 지식을 가질 수 있게 하고, 이를 통해 현실 적응력도 높여 보자는 취지에서 출발한 프로그램입니다. 한

때 고등학교를 돌아다니며 문과 학생들에게 왜 이렇게 문과 공부만 하느냐고 나무랐습니다. 인력 수요는 이과 쪽이 더 많은데, 학생 수는 문과가 더 많은 현실이 답답하기도 했고요. 어쨌든 이렇게 쏟아져 나오지 않습니까. 이들을 그냥 둬서는 안 되겠다는 생각이 들었습니다. 다양한 지식을 습득하게 되면 취직하는 데도 도움이 되죠.

김병준 기술직보다 관리직이 더 힘을 쓰고, 또 더 높이 올라가는 경향이 있다 보니 그런 것 같습니다. 사실, 이제 그런 게 크게 바뀌고 있는데 말입니다.

최재천 문과 이과 나누는 것도 그렇습니다. 지금 세상에 이렇게 나누어서 교육해야 하나 의문이 들어요. 학생들로 하여금 이쪽 저쪽 자유롭게 공부할 수 있도록 하면 안 되나요. 미국 학생들의 경우 원양어선을 타는 등 다양한 경험을 한 뒤에 학교로 돌아오는 경우가 많습니다. 돌아와서는 전공을 바꾸기도 합니다. 본인이 하고 싶은 걸 찾아서 하게 되니까 훨씬 더 열심히, 그리고 폭넓게 공부해요. 학교가 그럴 수 있도록 열어주기도 하고요. 왜 우리는 학생들을 이런 저런 틀 속에 가두는지 모르겠습니다.

김병준 똑 같은 심정입니다. 행정학을 예로 들면, 행정학이 뭔지도 모르고 그저 성적에 맞춰 지원한 아이들을 4년간 볼모로 잡고 강의를 하거든요. 가르치는 사람도 배우는 사람도 한심하죠.

최재천 앞서도 이야기했지만 어미 새는 새끼들을 굳이 가르치지 않습니다.

침팬지도 뭔가 딱딱한 것을 깰 때면 평평한 돌 위에 그것을 놓고 또 다른 돌을 망치처럼 사용해 깨거든요. 이것, 새끼들에게 하나하나 가르치지 않습니다. 새끼들은 스스로 익히는 거죠. 동물세계에서 우리 인간만 이렇게 가르쳐요. 특히 우리나라가 심하고요. 작은 영역으로 나누고 쪼개고 그리고 그 안에 가둬서 가르치죠.

김병준 점점 더 답답해지네요. 조금 다른 이야기로 가서… 글도 쓰고 있으신데요. 베스트셀러 책들이 있고 신문 칼럼도 인기가 높습니다. 저도 글을 씁니다만 보통의 글들이 아닙니다. 특히 과학자로서는….

최재천 어려서 시를 쓴다고 긁적거리기도 했고, 찬바람만 불면 '신춘문예 병'에 걸리기도 했습니다. 하지만 글을 잘 쓰는 사람은 아닙니다. 치열하게 쓸 뿐이죠. 자식도 나가 놀 때는 아비가 누구인지 모를 수 있습니다. 하지만 글은 늘 내 이름을 달고 있습니다. 그래서 세상에 함부로 내놓을 수가 없어요.

김병준 하시는 일에 자부심이 남다른 것 같아요.

최재천 그렇습니다. 다시 태어나도 지금처럼 살고 싶습니다.

김병준 마지막으로 예민한 질문 하나 해 볼게요. 신을 믿으시나요? 진화론을 믿는 진화학자에게 묻는 질문입니다.

최재천 고(故) 강원룡 목사께서 묻곤 하셨습니다. "진화론자가 어떻게 교회는 이렇게 열심히 다니느냐?" 그러면 운전기사로 다니고 있다고 대답하곤 했죠. 그러면 껄껄 웃으시며 "공부하면 돼" 하시곤 했습니다. 독실한 신자인 아내에게 교회 다니겠다고 약속했고, 이걸 지키고 있습니다.

김병준 강원룡 목사님 말씀, 그러니까 그 '공부'를 하고 있으신가요?

최재천 성경공부? 주로 목사님 설교하실 때 그 설교 들으면서 다른 구절도 찾아보곤 합니다. 과학자이지만 종교를 부정하고 싶은 생각은 없어요. 과학이 아니라 하여 다 없어져야 하는 것은 아니지요. 개인의 선택에 관한 문제이기도 하고요.

김병준 아, 그렇게 생각하시는군요.

최재천 2009년 리차드 도킨스(Richard Dawkins)를 만나 대담을 한 적이 있습니다. 신의 존재를 부정할 뿐만 아니라, 신의 존재에 대한 믿음이 인간을 얼마나 파괴하고 불행하게 만들 수 있는가를 이야기한 분 아닙니까. 그 분께 말했죠. "당신의 책 《만들어진 신(The God Delusion)》은 기독교를 무참하게 공격하고 있는데, 당신 책 치고는 수준이 떨어진다." 종교를 그렇게까지 부정할 이유는 없지 않느냐는 이야기였는데, 이로 인해 격한 토론을 했습니다.

김병준 그렇다고 신의 존재를 믿는 것은 아니지 않습니까?

최재천 신의 존재에 대해서는 죽을 때까지 공부하고 고민해야 할 것 같습니다. 하지만 저는 기본적으로 진화학자입니다. 또 과학자로서의 인생을 살고 있습니다.

김병준 믿지 않는다는 말씀 아닙니까?

최재천 허허허….

김승호

'대박'의 꿈 이룬 기업인의 또 하나의 인생
: 성공 나누기

성공 노하우를 왜 나눠 주느냐고?
선의를 가진 백만장자를 주변에 많이 만들고 싶어서이다.
그렇게 하면 그들로 인해 나는 더 큰 선의를 가진
더 큰 부자가 될 것이다.

김승호 〈스노우폭스〉 회장은 미국서 자수성가한 사업가다. 사람들은 그가 미국으로 이민 가 사업을 하는 사람 중 가장 성공한 10명에 들어간다고 말한다. 개인 자산 또한 그에 걸맞은 규모가 되는 것으로 알려지고 있다.

1987년 중앙대학교를 중퇴하고 미국으로 건너가 일곱 번이나 실패한 뒤 외식산업에 성공해 일어섰다. 지금은 미국과 유럽 등지에 4천 개 안팎의 매장을 운영하고 있으며, 유통과 금융 그리고 부동산 관련 기업들도 운영하고 있다.

그를 〈대담〉에 초대한 것은 그의 성공담이나 재산 때문이 아니다. 그의 독특한 사업철학, 즉 '성공한 사업가의 최고 선행은 자신의 성공을 다른 사람과 공유하는 것'이라는 생각 때문이다.

실제로 그는 상당한 시간을 자신의 실패와 성공의 스토리를 '성공 도전자들'과 나누는 데 쓴다. 대학의 초빙교수로, 또 다양한 전문기관의 초청으로 수천 명의 '사장 제자들'에게 강의를 했다. 그래서 얻은 타이틀이 '사장을 가르치는 사장'이다. 사업가를 넘어선 그의 또 다른 인생인 셈이다.

책도 여러 권 썼다. 폭발적 관심을 모았던 베스트셀러 《돈의 속성》을 비롯해 《생각의 비밀》 《김밥 파는 CEO》 《자기경영 노트》 등 10권 가까운 저서가 있다. 최근에는 유튜브 활동도 강화하고 있는데, 이 역시 '성공의 공유'라는 그의 철학과 닿아 있다.

김밥 말이 쇼(show)

—

김병준 성공한 기업인입니다. 하지만 실패도 많이 경험한 것 같습니다.

김승호 20대 초반, 대학을 마치지 않은 상태에서 가족을 따라 미국에 갔습니다. 가서 바로 이런저런 일에 손을 대었는데, 하는 족족 실패했습니다. 이불 가게, 한국 식품점, 지역 신문사, 컴퓨터 조립 등 모두 일곱 번 실패했습니다. 외식사업을 시작할 때까지 17년 동안 계속….

김병준 한두 번은 '좋은 경험했다' 할 수도 있지만, 일곱 번은 너무 심하네요. 그것도 거의 20년 가까이 말이죠.

김승호 특이한 것은 일곱 번 모두 각기 다른 이유로 실패했다는 것입니다. 미국 사람들의 생활습관이나 문화를 잘 몰라 실패하고, 동업자를 잘못 만나 실패하고, 전문성이 부족해 실패하고…. 어쨌든 이게 다 경험이 된 것 같습니다. 가르쳐 주는 선배도 없었습니다. 실패를 통해 배울 수밖에 없었죠.

김병준 사실, 그 정도 되면 용기를 잃곤 하는데….

김승호 우스운 이야기지만 언젠가 큰돈을 벌게 될 것이라는 확신이 있었습니다. 언제가 될지 모르지만 절대 포기할 수 없었습니다.

김병준 독자들이 궁금해 할 것 같아요. 어떤 사업을 하는지 직접 소개를 좀 해 주었으면 합니다.

김승호 주된 사업이 외식사업인데요, 슈퍼마켓 안에서 도시락으로 대변되는 동양 음식 파는 일을 합니다. 그 외에 미국 슈퍼마켓을 대상으로 하는 유통회사와 유보금을 관리하는 금융자산회사 등이 있습니다.

김병준 주력 사업은 역시 도시락 매장이고요?

김승호 그렇습니다. 미국화 된 스시 도시락입니다. 우리 김밥과 일본 스시의 중간쯤이라 생각하면 됩니다. 미국과 유럽에 매장을 열고 있는데, 매년 400개 혹은 그 이상씩 늘어날 것 같습니다. 매장별 매출도 연 10%씩 성장할 것으로 예상하고 있고요.

김병준 미국 사람들이나 유럽 사람들이 이런 음식을 좋아하는 모양입니다.

김승호 좋아합니다. 고급 매장으로 들어가면 이런 종류의 음식이 없는 게 이상할 정도입니다.

김병준 그만큼 경쟁도 치열하지 않나요.

김승호 좀 특별한 전략을 썼습니다. 판매에 쇼(show)적인 요소를 가미해 식품 비즈니스가 쇼 비즈니스도 되도록 했습니다.

김병준 무슨 말인가요?

김승호 통상 이런 음식은 주방에서 만들어 손님에게 내어 주거나 배달합니다. 자연히 소비자는 음식 만드는 현장을 볼 수가 없죠. 언제 만들어졌는지 알 수도 없고요. 하지만 나는 이를 손님들 앞에서 직접 만들게 했습니다. 당장에 고객 신뢰가 확 올라가죠. 눈앞에서 신선한 재료를 가지고 위생적으로 만드는 것을 볼 수 있으니까요.

김병준 또 한 가지는?

김승호 김밥 만드는 것 그 자체가 하나의 공연이 되게 하는 것입니다. 상상해 보십시오. 서양 사람들 눈에 그것이 어떻게 보일지. 신기하고 재미있게 보이지 않겠습니까. 비즈니스가 일종의 '쇼'가 되는 것입니다. 직접 만들어 보겠다는 고객도 나올 것이고요.

김병준 그러자면 종업원들이 잘 훈련되어 있어야 하겠습니다. 고객 앞에서 일종의 공연까지 해야 하니까요.

김승호 당연히 사내에 이를 훈련시키는 기관이 있습니다.

김병준 알고 나면 별것 아닌 것처럼 보일 수 있습니다. 하지만 정말 혁명적 발상이었다는 생각이 들어요.

김승호 작은 변화 내지는 혁신이 큰 결과를 가져오는 경우가 많습니다. 눈을 뜨고 보면 도처에 그럴 수 있는 일들이 보이죠. 하다못해 목욕탕의 '때밀이'만 해도 그렇습니다. 비위생적으로 보이는 부분을 조금만 바꾸어도 많은 것이 달라질 것입니다. 공중위생에도 좋고 고객도 좋아하고, 그만큼 비즈니스도 더 잘 될 수 있겠지요.

생각의 마술

—

김병준 '생각'의 힘을 믿는다고 했는데, 그게 무슨 말인가요?

김승호 무엇을 절실히 생각하면 생각한 그 무엇을 이루게 된다는 말입니다. 길에 보이는 빌딩을 비롯해 많은 물건과 현상들이 모두 사람들의 생각과 상상의 결과물입니다. 그런 점에서 우리는 누군가의 생각 또는 상상 속에 들어가 있는 것입니다. 우리의 생각이나 상상 속에 다른 사람이 들어와 있기도 하고요.

김병준 생각하면 이루어진다? 아니면 생각해야 이루어진다?

김승호 어떻게 성공했는가에 대한 질문을 받을 때가 많습니다. 그러면 이렇게 답하죠. "무엇을 목표하는지, 또 무엇을 이루고 싶은지를 정확하게 인지하는 것이 먼저이다. 그리고 그 무엇인가가 인지되면 그것을 하루 100번씩 100일을 써라. 아예 손에 써서 다녀라."

김병준 그렇게만 하면 되나요? 적고 쓰고….

김승호 이걸로 1억 원을 벌겠다, 아니면 저걸로 10억 원을 벌겠다 하는 식으로 성공 여부를 분명히 알 수 있도록 목표를 정해야 합니다. 막연히 돈을 많이 벌어보겠다거나 훌륭한 사업가가 되겠다는 식으로 성공 여부에 대한 판단이 오락가락할 수 있는 내용이어서는 안 되죠.

김병준 영어로 말하면 '오퍼레이셔널라이즈(operationalize)' 즉, 구체적인 수

치 등으로 나타낸다는 뜻인 것 같습니다. 지금도 그렇게 하고 있나요?

김승호 첫 번째 매장을 인수받은 날 미국 지도를 놓고 점을 300개 찍었어요. 300개 이상의 매장으로 나름의 '시스템'을 구축해야 살아남을 수 있다고 생각한 것입니다. 당연히 모든 생각을 매장 300개를 여는 데 집중했습니다. 이때부터 내 메일 비밀번호도 '매장 300개'로 바꾸었습니다.

김병준 실제로 그렇게 되었나요?

김승호 4~5년 지나 매장이 300개가 되었습니다. 그 다음 어떻게 하겠습니까. 이제 목표는 3천 개, 이런 식으로 나갑니다. 3천 개든 4천 개든 매장 하나를 300개로 늘리는 것보다 상대적으로 쉽습니다. 틀림없이 그렇게 될 것입니다.

김병준 '매장 3천 개' '매장 3천 개' 이런 식으로 쓰고, 또 쓰고 한다는 말이죠.

김승호 그렇게 하면서 내 생각을 이미지화 하는 겁니다. 머릿속에만 있어서는 안 되거든요. 쉬운 일 같다고요? 절대 아닙니다. 쓰다 보면 내가 무슨 짓을 하는가 하는 회의가 들기도 하고, 정말 이게 내가 원하는 것인가 하는 의문이 들기도 합니다. 이 두 가지를 모두 이기면 생각에 실질적이고 물리적인 힘이 생기는 것입니다. 그리고 의미 있는 변화가 일어나게 됩니다.

김병준 어떤 변화인가요?

김승호 당장 사람과 일을 대하는 자세가 달라집니다. 그만큼 진지해진다는 말입니다. 아울러 기회를 기회로 알고 잡게 됩니다. 목표가 분명하지 않은 사람은 기회가 와도 그것이 기회인 줄 모릅니다. 행운은 아무에게나 오지 않습니다. 절실히 원하는 사람, 또 그만큼 준비된 사람에게만 오지요.

김병준 그렇게 쓰다 보면 이게 되는 일인지 안 되는 일인지, 또 나와 맞는 일인지 안 맞는 일인지 걸러지기도 하겠습니다.

김승호 걸러지기도 하고 더 강력해지기도 합니다.

강의 ; 성공과 실패의 스토리 나누기

김병준 주력 사업을 미국에서 하면서 수시로 귀국해 강의를 하고 계십니다. 그렇죠?

김승호 예. 대학의 특수대학원이나 평생교육원에서 강의하기도 하고, 여러 전문기관들이 주최하는 교육훈련 프로그램 등에서도 강의합니다. 대학의 경우 한 한기, 즉 16주 단위로 움직이니까 4개월 정도 서울에 머무르곤 합니다.

김병준 그래도 회사 경영에는 문제가 없나요?

김승호 회사 경영은 가능한 만큼 시스템으로 합니다. 경영자는 있는 듯 없는 듯 하는 것이 좋습니다. 게다가 한국에서 벌이는 사업도 있습니다.

김병준 그래도 1년에 4개월이면 긴 시간입니다. 상당한 부담이 될 것 같은데 이렇게 하는 무슨 특별한 이유나 배경이 있나요?

김승호 앞서 말한 것처럼 나는 실패를 많이 했습니다. 젊은 사업가들이 내가 한 실수를 하지 않고 사업을 해 나갔으면 하는 마음이 있습니다. 아울러 이타적인 행위를 통해서도 이기적인 목적을 이룰 수 있다는 사실을 알려주고 싶습니다. 선의로 어떤 일을 열심히 하면 사업이 더 잘될 수 있다는 생각을 확산시키고 싶은 것입니다.

김병준 두 가지를 말씀하셨는데요. 먼저 앞부분, 즉 자신이 한 실수를 다른 사람들은 하지 않도록 도와주고 싶다고 하셨는데, 그렇게 하자면 강의 자체가 대단히 현장 중심이 되어야 할 것 같습니다. 기업인에게 바로 도움이 되는 강의 말씀입니다.

김승호 그래서 비즈니스 테크닉 중심으로 강의합니다. 직장인은 보통 선배들로부터 직장 생활에 필요한 테크닉을 배웁니다. 하지만 기업인에게는 그런 선배가 없습니다. 앞서 간 기업인이 없는 건 아니지만 이들이 경쟁자인 경우가 많습니다. 터놓고 가르쳐 주지 않아요. 그런 점에서 이런 강의는 매우 중요합니다.

김병준 예를 들면 어떤 내용을 생각할 수 있나요?

김승호 예컨대 기업이 어느 정도 성장하게 되면 가족이 회사로 들어오는 경우가 있어요. 이 경우 어떤 장점과 단점이 있으며 그에 따른 문제를 어떻게 해결해 나가는지 등을 토론합니다. 또 생사고락을 함께한 창업 공신과 동업자의 문제를 어떻게 할 것이냐? 매출이 100억 원에 이르면 필연적으로 나타나는 문제들이 있고, 500억 원과 1천억 원 이상이 되면 나타나는 문제들이 있는데, 이를 어떻게 하느냐 등 기업의 생사가 걸린 비즈니스 현장의 이야기를 합니다.

김병준 그런 걸 가르치고 토론하는 곳이 없나요?

김승호 거의 없습니다. 경영대학원이 적지 않게 있지만 비즈니스 현장과는 거리가 있을 수밖에 없는 교수들이 주로 강의합니다. 또 인맥 쌓기 위주로 운영되죠. 사실 기업인들은 실질적인 문제와 경영 테크닉을 듣고 싶어 합니다. 자신과 회사의 운명이 달려 있기 때문이죠.

김병준 그런데 그게 잘 안 되니 강의를 하신다는 말이죠. 책도 쓰고….

김승호 그렇죠. 특히 연매출 100억 원, 200억 원 정도의 기업은 정말 답답해합니다. 그 정도 규모가 되면 경험해 보지 못한 문제들이 계속 발생하게 되는데 어디에다 어떻게 물어야 할지 모르는 경우가 많기 때문입니다.

김병준 이래저래 강의를 들으려는 사람이 넘치겠습니다.

김승호 관심들이 많습니다. 덕분에 수천 명의 '사장님들'을 대상으로 강의를 했습니다. 대학의 특수대학원이나 평생교육원이 운영하는 비학위 과정의 경우, 입학이 거부되거나 탈락되는 경우가 거의 없습니다. 입학하고자 하는 사람의 수가 정원보다 적기 때문입니다. 그러나 제가 강의하는 과정은 다릅니다. 많은 사람들이 탈락합니다. 학생들의 면면도 만만치 않습니다. 상당한 규모의 기업을 운영하는 기업인이 많습니다.

김병준 어떤가요? 어쨌든 미국에서 성공한 기업인이라 강의나 토론을 할 때 미국 경험을 많이 이야기할 것 같은데, 그게 한국 기업인에게 도움이 되나요?

김승호 기업 환경이나 문화에 차이가 있습니다. 프랜차이즈 사업만 해도 미국에서는 가맹점들의 서비스 균일성을 확보하기 쉬운 반면, 우리나라는 그렇지가 않습니다. 균일성 확보를 위한 법적 장치가 약한 것이죠. 하지만 미국에도 거래의 불투명성, 불합리한 관행 등 있을 것은 다 있습니다. 기본적인 경영 방식에 별 차이가 없습니다.

김병준 자, 이제 강의를 하는 두 번째 이유 부분입니다. '이타적 행위를 통해서도 이기적인 목적을 달성할 수 있다'는 점을 전하고 싶다고 하셨는데, 이게 정말 가능합니까?

김승호 일례로 경쟁자를 죽이면 더 강한 경쟁자가 나타날 수 있습니다. 경쟁자를 죽이는 데 힘을 쓸 것이 아니라 그의 존재를 인정하고 그와 경쟁하며 자기 경쟁력을 강화해 나가는 편이 훨씬 더 합리적입니다. 직접, 간접의 경험을 통해 이런 점을 같이 확인해 나갔으면 한다는 뜻입니다.

김병준 이 책에 진화론자인 최재천 이화여대 석좌교수와의 대담도 실려 있는데, 최 교수께서도 비슷한 취지의 이야기를 했습니다. 공존하는 능력이 곧 살아남는 능력이라는 것이죠. 소위 공진화(co-evolution)의 철학입니다.

김승호 예를 하나 들겠습니다. 우리 매장에서는 '그랩 앤 고(Grap & Go)'라는 새로운 판매 방식을 활용합니다. 편의점과 식당의 중간 형태로 고객이 보는 앞에서 음식을 만들어 진열대에 놓으면 고객이 이를 골라 먹거나 가져가는 방식입니다. 고객은 메뉴를 볼 필요도 없고 주문을 할 필요도 없습니다. 그냥 집어서 계산대로 가지고 가면 되죠.

김병준 편의점에서 하는 것처럼 말이죠?

김승호 그렇습니다. 다만 편의점과 달리 그 자리에서 만든 음식을 그렇게 한다는 것이죠. 음식을 만든다는 점에서는 식당과 같고, 주문하지 않고 바로 집어 계산한다는 점에 있어서는 편의점과 같습니다. 어쨌든 이렇게 하면 회전율이 엄청나게 빨라집니다. 고객은 주문하기 위해 줄을 서서 기다릴 필요가 없습니다. 음식이 나오길 기다릴 필요도 없고요. 매장은 또 매출을 그만큼 더 올릴 수 있으니 좋고요.

김병준 임대료가 높은 지역은 물론, 시간에 쫓기는 사람들이 많은 지역에 잘 어울리겠습니다.

김승호 그렇습니다. 그런데 이 방식에 있어 아직 경쟁자가 없어요. 경쟁자가 있어야 서로 경쟁하며 더 좋은 방향으로 발전을 할 것 아니겠습니까. 그래서 누구든 와서 보고 사진 찍게 합니다. 또 그 노하우

를 전해 주기도 하고요. 서로 배우며 같이 발전하자는 겁니다. 상대를 죽이는 게 아니라 상대를 살려 오히려 나를 더 강하게 하는 것입니다.

김병준 강의하고 책 쓰시고…. 그야말로 실패와 성공의 스토리를 나누기 위해 엄청난 시간과 노력을 들이고 계신데, 이 모든 것의 목표는 무엇입니까?

김승호 선의를 가진 백만장자를 많이 만들고, 그들로 인해 내가 더 큰 선의를 가진 더 큰 부자가 되는 것이죠.

프랜차이즈 가맹 '팁'

—

김병준 프랜차이즈 가맹점 모집을 하나요?

김승호 한국에서는 하지 않아요. 모두 직영만 합니다. 직영은 수익을 낼 수 있지만 가맹점들이 수익을 낼 수 있다는 확신이 서지 않기 때문이죠.

김병준 많은 사람들이 프랜차이즈 가맹점을 운영하다가 실패를 합니다.

김승호 이유가 있습니다. 가맹점이 수익을 내는 구도를 만들려면 본사가 그럴 만한 체계를 갖출 때까지, 예를 들어 잘되는 점포가 100개 정도가 될 때까지 상당한 투자를 해 주어야 합니다. 그런데 그러지 않고 가맹점부터 모집하다 보니 가맹점에 고통을 주는 것입니다. 스스로도 실패하고요.

김병준 일자리가 없다보니 많은 사람들이 프랜차이즈에 가맹하려 하는데, 어떻게 해야 하나요?

김승호 '가맹점 모집'이라고 써 붙인 프랜차이즈는 조심할 필요가 있습니다. 잘되는 프랜차이즈는 그런 모집을 하지 않아요. 그러지 않아도 지원자가 몰리기 때문이죠. 본사 말만 믿지 말고 가맹점 주인을 다섯 명 정도 만나 실상을 들어보면 판단이 설 것입니다. 그런 노력도 하지 않고 장밋빛 청사진에 현혹되어 프랜차이즈를 하는 사람들이 의외로 많습니다.

김병준 오늘 감사합니다. 성공 비즈니스를 위한 또 하나의 강의가 되었으리라 생각합니다.

엄홍길

산과 사람에 대한 무한의 감사,
네팔에 학교 짓는 산악인

오로지 정상을 올려다보며
정상을 향해 올랐다.
그러나 어느 순간, 산 아래의 사람이 보이기 시작했다.

히말라야에는 에베레스트를 비롯해 해발 8,000m가 넘는 봉우리 14개가 있다. 여기에 주봉과 산줄기가 같아 독립봉으로 인정받지 못하는, 하지만 산악인으로서는 더 없이 중요한 두 개의 봉우리(얄룽캉, 로체샤르)가 있다.

영화 〈히말라야〉의 실제 주인공 엄홍길, 그는 이 16개의 봉우리, 즉 16좌를 모두 오른 세계 최초의 산악인이다. 22년 동안 38번 이 봉우리들을 향해 인간의 한계를 넘는 도전을 했다. 20번 성공하고 18번 실패를 했다. 그 과정에서 10명의 동료를 잃었다.

그는 지금 또 한 번의 도전을 하고 있다. 그를 받아주고 살려서 돌려보내 주었던 히말라야가 있는 나라 네팔에 아이들을 위한 학교를 짓고 있다. 이름 하여 '휴먼학교 사업'이다. 또 먼저 간 산악인들의 유가족을 지원하는 일과 청소년, 대학생들의 활동을 조직·지원하는 일을 하고 있다. "오로지 정상을 향해 올랐으나 언제인가부터 산 아래의 사람들이 보이기 시작했다"는 그의 말이 뜨겁다.

그가 상임이사로 있는 서울 장충동의 '엄홍길 휴먼재단'에서 영화 〈히말라야〉와 〈휴먼학교〉 등 그의 끝없는 '휴먼 도전'의 이야기를 들었다.

꼭 가야만 했던 원정

김병준 영화 〈히말라야〉* 잘 봤습니다. 감동적이었습니다. 본인과 동료들의 이야기인데 영화를 본 기분이 어떠했나요?

* 2004년 5월 계명대학교 산악부의 박무택 대장과 장민 대원은 에베레스트 등정에 성공했다. 하지만 하산 길, 정상 바로 아래에서 조난을 당했다. 이들을 구하기 위해 홀로 올라간 백준호 대원 역시 조난을 당했다. 영화 〈히말라야〉는 이들의 시신을 수습하기 위해 산악인 엄홍길 손칠규 등이 결성한 휴먼원정대의 이야기를 그리고 있다.

엄홍길 시사회 때 이야기입니다. 10년도 더 된 일이 마치 한두 달 전의 일처럼 격하게 느껴졌습니다. 영화가 끝났는데도 몸이 의자에 붙은 듯 일어설 수가 없었습니다. 그냥 눈물이 나왔어요. 마치 그때처럼.

김병준 그때라면?

엄홍길 박무택의 시신을 수습해 내려오려고 사투를 벌이다 끝내 성공하지 못하고 돌무덤으로 안장했을 때입니다. "무택아, 언제 너한테 다시 오겠나. 이제 모든 걸 내려놓고 네 갈 길 가라." 발길은 떨어지지 않고 눈물만 나왔습니다.

김병준 꼭 그곳에 가야 했었나요?

엄홍길 그렇습니다. 특히 박무택은 친동생이나 다름없었습니다. 2002년 에베레스트를 비롯해 8,000m 이상을 네 번이나 같이 올랐습니다. 그런 친구가 완전히 실종된 것도 아니고, 정상으로 가는 길목 사면에 자일에 묶인 채 달려 있었어요. 그냥 두면 영원히 그렇게 있을 것 아닙니까? 태극 마크까지 몸에 붙이고 말입니다.

김병준 가능하다고 생각했나요?

엄홍길 8,750m 지점입니다. 숨 쉬는 것조차 힘든 높이죠. 그런 곳에서 시신을 수습해서 내려온다? 모두들 포기하라 했습니다. 또 다른 희생이 있을 수 있다고 했습니다. 하지만 그만둘 수 없었어요. 가지 않으면 평생 그 죄책감과 후회를 안고 살아갈 것 같았어요.

김병준 영화로 만들겠다는 생각은 언제 했나요?

엄홍길 MBC가 휴먼원정대 전 과정을 찍어 〈아, 에베레스트〉 1부와 2부로 방영했습니다. 그때 시청자들의 반응이 매우 좋았어요. 하지만 유가족들에게는 또 한 번의 큰 슬픔이 되었습니다. 나 자신에게도 그랬고…. 그래서 그때 이걸로 마무리하자고 했습니다. 영화로 만들자는 제안이 있었지만 거절했습니다.

김병준 그런데 이번에는 어떻게?

엄홍길 영화 〈국제시장〉의 윤제균 감독이 찾아와 설득했습니다. 안 된다고 버티다 결국 받아들였어요. 이유는 하나죠. 생명의 존엄이나, 사람과 사람 사이의 인연이나 약속이 점점 더 가볍게 여겨지는 것 같아서였죠. 영화를 통해 우정과 희생, 그리고 인간에 대한 사랑 등을 보여줄 수 있을 것 같았습니다.

김병준 충분히 보여주었다고 생각합니다.

엄홍길 영화를 만드는 분들에게 몇 가지 당부를 했습니다. 절대로 흥행이나 오락 위주로 흘러서는 안 된다는 것, 그리고 절대로 유가족의 마음을 아프게 해서는 안 된다는 것 등이었죠.

산 아래가 보이기 시작했다

—

김병준 네팔에 학교를 짓고 있다고 들었습니다.

엄홍길 그렇습니다. 일단 열여섯 개를 짓는다는 계획인데* 이제 몇 개만 더 지으면 됩니다. 히말라야 16좌를 모두 오르게 된 데 대한 나 나름의 감사의 표시입니다.

* 2020년, 딸께쉴(Tarkeshwor) 지역에 열여섯 번째 학교가 지어짐으로써 그의 목표는 완성되었다. 그러나 그 이후에도 그의 학교 짓기 사업은 계속되고 있다.

김병준 언제부터 그런 생각을 했나요?

엄홍길 늘 저 위쪽 정상만 보고 올랐습니다. 그러다 16좌 등정이라는 목표가 가까워지면서 산 아래가 보이기 시작했습니다. 사람이 보이고 동네가 보였습니다. 우리 역시 가난하게 산 적이 있어서일까요. 특히 그 척박한 환경 속에서 자라는 아이들이 크게 눈에 들어왔습니다.

김병준 참으로 의미 있는 말입니다. 성공을 향해 달리는, 그리고 일에 깊이 빠져 있는 모든 사람들이 들었으면 합니다.

엄홍길 그러고도 한동안 산에만 올랐습니다. 그러면서 산에 기원했습니다. "16좌 등정 후 아이들을 위해 학교를 짓겠습니다. 저를 받아주시면 살아남은 자로서 이 약속을 지키겠습니다." 특히 2007년 마지막 16좌, 로체샤르를 오르며 이를 간절히 기원했습니다.

김병준 그만큼 어려웠다는 이야기로 들립니다.

엄홍길 세 번 실패를 한 곳이었습니다. 2003년 두 번째 원정 때는 동료 두 명을 잃었습니다. 3,000m의 절벽, 정상을 직선거리로 20m 정도 남겨놓고 눈사태를 맞아 떨어지는 것을 내 눈으로 보았습니다. 그 공포와 두려움이 어떠했겠습니까? 그러고도 다시 시작한 네 번째 도전. 산에 간절히 빌었습니다. 살아 돌아가 그 약속을 지킬 수 있게 해 달라고.

김병준 정말 기적 같은 일들이 있었다고 들었습니다.

엄홍길 70~80도 경사의 3,000m 암벽을 거의 팔꿈치로만 올라갔습니다. 눈사태에다 낙석과 낙빙 등, 살벌하기 그지없었습니다. 그러다 세르파가 약 300m 정도 아래로 떨어졌습니다. 그런데 눈이 쌓인 곳에 떨어져 무릎만 다쳤습니다. 기적이었죠. 후배 한 명도 발가락 열 개를 다 잘라낼 정도로 고통을 앓았습니다. 그러고도 성공했고 모두 살아서 돌아왔습니다. 산이 도운 것이죠.

김병준 자, 그러면 이제 그 약속을 지켜야 할 차례인데….

엄홍길 사실 나 혼자 산에 한 약속이었어요. 공표한 것도 아니었고요. 돈도 없고 방법도 없다는 핑계로 슬쩍 접으면 그만이었습니다. 실제로 16좌 성공에 취해 잠시 잊기도 했었습니다. 그러나 곧 정신이 돌아왔습니다. 스스로 용납이 되지 않았어요. 그래서 주변 분들과 상의를 했더니 함께 하겠다는 분이 나서기 시작했어요. "아하, 이게 될 수도 있겠구나." 용기가 생겼어요.

김병준 하지만 돈을 모으는 게 그리 만만한 일이 아니죠.

엄홍길 맞습니다. 당장에 일을 시작하기 위해 드는 기초적인 비용부터 걱정이었죠. 그러던 중 파라다이스 복지재단으로부터 연락이 왔습니다. 각 분야에서 큰 업적을 남긴 사람들에게 상을 주는데 내가 특별공로상을 받게 되었다는 것이죠. 본상이 아니고 특별공로상이니 상장이나 하나 받나보다 했지요. 그런데 그게 아니었어요. 상당한 액수의 상금을 받게 되었습니다.

김병준 다시 산이 도왔나 보네요.

엄홍길 받으면서 바로 말했습니다. 이 돈은 내 돈이 아니라 먼저 간 동료를 포함한 산악인 전체의 돈이라고…. 그리고 이 돈을 네팔에 학교 짓는 데 쓰겠다고. 그리고 바로 엄홍길 휴먼재단을 설립했습니다. 학교 짓기의 첫발을 내디딘 것이죠.

일은 점점 많아지고

—

김병준 (벽에 걸린 제1호 학교 사진을 보며) 저게 바로 처음 지은 학교인가요?

엄홍길 그렇습니다. 어디다 지을까 고민을 많이 했습니다. 그러다 해발 4,060m의 팡보체(Pangbuche)라는 오지 마을에 짓기로 했습니다. 같이 에베레스트를 오르다 1,000m 절벽에서 떨어져 죽은 셰르파가 살던 마을입니다. 동네 처녀와 결혼한 지 불과 4개월, 빙하 속으로 떨어져 시신도 찾지 못한 동료였습니다. 그 죽음에 대한 빚을 갚고 싶었습니다.

김병준 그 높은 오지 마을에? 건축 자재나 제대로 운반할 수 있나요?

엄홍길 가까운 비행장까지 22인승 쌍프로펠러 경비행기로 실어 와 거기서 다시 2박 3일을 걸어서 자재를 날랐습니다. 그뿐 아니라 단열 시공 등 튼튼히 제대로 지으려면 외부 기술자가 필요한데 숨쉬기도 불편한데 일을 제대로 할 수 있겠습니까. 게다가 서울서 돈을 구해야 하는 나는 그곳에 계속 있을 수도 없었습니다. 자재가 제때 못 오고, 또 돈 못 주면 공사 중단되고…. 정말 8,000m 봉우리 올라가는 것보다 더 힘들었습니다.

김병준 오지 마을이라 학생 수도 많지 않을 텐데…. 어찌 보면 그래서 의미가 더 클 수 있겠습니다. 누구도 그런 곳에 학교를 세울 생각을 하지 않으니까요.

엄홍길 학교 자체는 크지 않습니다. 학생 수가 적으니 클 이유도 없죠. 건평이 80평 정도 됩니다. 하지만 교실 네 개에 작은 강당도 있고 60평 규모의 운동장도 있습니다. 이 작은 학교에서 아이들은 셰르파나 포터가 되는 것 이상의 꿈을 꾸게 될 것입니다.

김병준 지금도 계속 그런 고지에 짓고 있나요?

엄홍길 그 다음부터는 주로 해발 500~700m 지역에 짓고 있습니다. 교육 수요와 생활환경 등을 고려해서 짓고 있습니다. 학생 수도 좀 있는 지역들이고, 그래서 학교도 좀 더 크게 짓고 있습니다. 하지만 이 지역들 역시 어떻게 저런 곳에 어떻게 학교를 지을까 하는 곳들입니다.

김병준 주민들에게는 더없이 좋은 일이 될 것 같습니다. 학생들은 더 말할 나위도 없겠고요.

엄홍길 그들도 그냥 받기만 하는 것은 아닙니다. 우리는 주로 짓기만 합니다. 땅은 그곳 정부나 지역사회가 제공하고요. 그리고 학부모들도 허드렛일 등을 같이 합니다. 이렇게 참여해야 이들 스스로 자신들의 학교로 여기게 됩니다.

김병준 돈이 많이 들어갈 것 같습니다.

엄홍길 잘 지으려고 노력합니다. 예를 들어 기존 학교들은 창이 작아요. 창이 깨지면 교체 비용이 많이 들기 때문이죠. 하지만 우리는 밖을 잘 볼 수 있게 창을 크게 냅니다. 또 지역의 특수성도 반영하죠. 예를 들면 햇볕이 따가운 지역에는 햇살이 교실 안으로 들어오지 못하도록 가리개를 설치하고, 물에 잘 잠기는 지역은 기초를 그만큼 올려 짓고 있어요. 여기에 현대식 화장실, 냉·온방 시설, 수도 시설 등. 이러다 보니 하나 짓는 데 3억~5억 원이 들어가네요.

김병준 누가 크게 도와주지 않으면 못할 일 같습니다.

엄홍길 다행히 기업이나 기관 등도 참여하고 있습니다. 아웃도어 옷 만드는 한국 밀레가 학교를 하나 지었고, 외교부 산하 국제협력단(KOICA), 신세계백화점, 현대오일뱅크, 그리고 대구에 있는 디케이락이라는 중소기업 등이 있습니다. 국내 유수 기업들이 후원을 상의하고 있고요. 대구시 교육청도 하나 짓기로 했습니다.

김병준 대구시 교육청이?

엄홍길 그렇습니다. 학생들이 사랑의 동전 모으기를 합니다. 동전을 모아 여러 가지 좋은 일에 쓰는데, 그 일환으로 네팔에 학교를 짓기로 했습니다. 이런 일은 앞으로도 계속 일어날 것 같습니다.*

* 일례로 2020년 성카라폴(Shankharapur) 지역에 지어진 열 개 교실의 열일곱 번째 학교는 전남교육청 소속 학교의 교직원과 학생들의 후원과 성금으로 지어졌다.

김병준 교육청은 교사들 재교육이나 학교 운영 노하우를 전하는 일 등도 할 수 있을 것 같습니다.

엄홍길 사실 일이 점점 많아지고 있습니다. 짓기만 하면 되는 줄 알았는데 유지 보수 등 지속적으로 운영하는 문제와 교육역량 강화 문제 등 할 일이 점점 많아지고 있습니다. 이런 문제에 있어 대구시 교육청 등이 큰 도움을 줄 수 있을 것으로 생각합니다.

삶과 죽음을 넘어

—

김병준 히말라야에 오른 산악인으로 네팔을 위해 이런 일을 한 경우가 많은가요?

엄홍길 에베레스트를 처음으로 오른 힐러리 경의 경우 히말라얀 트러스트(Himalayan Trust)라는 재단을 설립하여 자신과 같이 등정했던 셰르파들의 마을에 학교와 보건소를 지었습니다. 또 루크라(Lukla) 지역에 작은 비행장을 짓기도 했습니다. 2008년 세상을 떠났는데, 그 이후로도 이 재단은 이런 일을 계속하고 있습니다. 하지만 그 외는 잘 없는 것 같아요.

김병준 엄홍길 휴먼재단도 계속 더 많은 일을 해 나갈 수 있었으면 합니다.

엄홍길 살아남은 사람으로서, 또 성공한 산악인으로서 할 일이 많다고 생각합니다.

김병준 전문 산악인으로 생활이 넉넉지 않은 사람이 많은 것 같습니다. 이들의 문제를 고민하는 것도 큰 일이 될 것 같아요.

엄홍길 후배들이 점점 줄어들고 있습니다. 직장을 다니다가도 원정을 가려면 직장을 그만둬야 합니다. 휴직을 인정해 주지 않기 때문이죠. 또 어려운 도전에 성공을 해도 다른 스포츠처럼 연금이 있는 것도 아닙니다. 참으로 안타까운 부분입니다.

김병준 끝으로 죽음의 문턱에 다다랐던 적이 수없이 많았을 것 같은데….

그 기분을 말해 줄 수 있나요?

엄홍길 8,000m 이상 봉우리만 38번을 도전했습니다. 셰르파 네 명, 한국 동료 여섯 명, 모두 열 명을 잃었습니다. 위험한 상황이 되면 매 순간 살기 위해 노력합니다. 그러나 내가 어떻게 할 수 있는 상황이 아님을 알았을 때는 오히려 편안한 마음이 됩니다. 오로지 산에 나를 맡기죠. 삶도 죽음도 넘는 것입니다.

김병준 돌아가는 길에 그 뜻을 새겨 보겠습니다. 감사합니다.

류호경

장애를 인정하고 사는 삶,
세계적 체육인으로

장애, 인정하고 산다.
현재(現在)는 영어로 프레즌트(present), 선물도 된다.
과거는 지나갔고 미래는 미스터리,
장애가 있는 현재를 선물로 알고 산다.

우리나라 전체 인구 대비 등록 장애 인구 비율이 5%, 15% 이상 되는 대부분의 OECD 국가들과 큰 차이가 난다. 장애인이 적어서가 아니다. 보호체계는 약하고 편견과 차별이 심해 스스로 장애인임을 드러내지 않아서이다. 여전히 '정의'로부터 멀어져 있다는 이야기이다.

이번 〈대담〉은 다소 특별하다. 새로운 삶을 스스로 선택했던 이 책의 다른 주인공들과 달리, 스스로는 결코 원하지 않았던 제2의 삶을 살게 된 사람의 이야기이기 때문이다.

류호경, 그는 군(軍) 생활 중 목을 다쳐 하반신 불완전 마비의 장애인이 되었다. 끝없는 절망, 죽음을 생각하기도 했다. 그러나 그 뒤 강한 의지와 주변의 도움으로 다시 일어섰다. 장애인대회 국가대표 사격선수가 되었으며, 아시아대회와 세계대회의 금메달리스트가 되었다. 공부를 계속해 체육학박사가 되었으며, 장애인올림픽 사격 국가대표팀 감독과 아시아장애인올림픽위원회 선수위원장을 지냈다.

결코 스스로 원하지 않았던 제2의 삶, 그러나 더 없이 명예로운 삶, 그것이 있기까지의 절망과 희망, 그리고 투쟁적인 노력을 지난 번 올림픽이 시작된 직후 그로부터 들었다. 장소는 장애인체육회 이천훈련원, 당시 그는 장애인올림픽 사격 국가대표팀 감독이었다.

관심 좀 가져 달라

—

김병준 리우 올림픽이 시작되었습니다. '패럴림픽(Paralympic)', 즉 장애인올림픽도 바로 앞에 다가온 것 같습니다.

류호경 예. 곧 출국합니다. 한국은 풀 쿼터, 즉 열두 장을 받았습니다. 그래서 열두 명이 출전합니다. 여기에 스태프 여섯 명, 모두 열여덟 명이 갑니다.

김병준 일반 올림픽, 즉 비장애인올림픽에 비해 관심이 낮지요. 섭섭하지 않나요?

류호경 감내해야 할 부분입니다. 하지만 좀 더 관심을 가져 주었으면 합니다. TV만 해도 비장애인올림픽의 경우 몇 번씩 재방송까지 하지요. 하지만 장애인올림픽의 경우 그렇지가 않습니다. 몇 채널만이라도 관심을 기울여 줬으면 좋겠습니다.

김병준 오늘 이런 자리를 만든 것도 바로 그런 이유에서죠.

류호경 단순히 선수들 사기를 위해서 말하는 게 아닙니다. 장애인들 전체에 용기를 불어넣어 줄 수 있습니다. 또 장애인들에게 체육에 대한 관심을 불러일으킬 수 있고, 그렇게 되면 스스로의 건강을 지키기 위한 생활체육의 장으로 이끌어 낼 수 있습니다.

김병준 (류 감독과 동석한 박종철 대한장애인체육회 이천훈련원 홍보부장에게) 장애인들의 생활체육 참여율은 어느 정도 되나요?

박종철 15.8% 정도입니다. 비장애인의 경우 참여율이 40% 정도 됩니다.

김병준 참여율이 높아지는 만큼 우리 사회도 그만큼 밝아질 것입니다. 장애인들 건강이 좋아지고 의료비가 줄어드는 것은 기본일 것이고요.

박종철 정부와 장애인체육회 등의 노력으로 많이 좋아지고 있기는 합니다. 수년 내 20%까지 끌어올린다는 생각들을 하고 있습니다. 언론에서 관심을 가져주면 큰 도움이 될 것입니다.

절망, 그리고 희망

—

김병준 군에 있을 때 다친 것으로 알고 있습니다.

류호경 1987년 대학을 다니다 군대에 갔습니다. 원래 운동을 잘하는 편이라 전투체육도 많이 하고, 군대 내의 체육대회에도 많이 나갔습니다. 그러다 1988년, 씨름시합에 나가기 위해 연습을 하다 목이 부러졌습니다. 넘어지면서 머리가 먼저 닿은 것인데, 그걸로 하반신 불완전 마비가 되었습니다.

김병준 엄청난 충격이었겠습니다.

류호경 어떻게 말로 다 하겠습니까. 수술을 하고 7개월 병원 생활을 했습니다. 장애를 가지게 된 사람들이 다 그러겠지만 그야말로 절망이었죠. 지금과는 다른 인생을 살아야 하는데 어떻게 사나… 막막했습니다. 죽는 것도 생각해 보았습니다.

김병준 그 젊은 나이에.

류호경 그러다 미국을 가봐야겠다는 생각이 들었습니다. 재활치료도 하고 공부도 할 수 있었으면 하는 마음이었죠. 영어는 중·고등학교 때 영어를 잘하는 외삼촌으로부터 배운 게 좀 있었습니다. 2년간 영어학원에 다니면서 그걸 더 갈고 닦았습니다. 그리고 대학을 졸업하면서 바로 미국에 갔습니다.

김병준 미국 생활이 도움이 되었나요?

류호경 불과 8개월 정도밖에 안 되는 기간이었지만 일종의 전환점이 되었습니다. 미국은 장애인에 대한 시선부터 달랐어요. 장애인을 위한 제도나 편의시설이 너무 잘 되어 있었습니다. 그래서 그랬던지 나도 살아갈 수 있다는 자신감이 생겼습니다. 하지만 계속 있을 수는 없었죠. 대학원 입학허가서까지 받았지만 돌아와야 했습니다. 돈 때문이죠.

김병준 그래서 돌아와 바로 운동을 시작하게 되었나요?

류호경 아닙니다. 당시는 운동을 할 수 있다는 생각을 하지 못했습니다. 취직이 급했는데 받아주는 데가 없었습니다. 토플 성적도 굉장히 높았는데 아무 소용이 없었습니다. 높은 벽이 있음을 실감했습니다. 할 수 없이 사업을 시작했어요. 비디오 가게를 5년 하고, 대학 앞에서 당구장을 3년 했습니다.

김병준 잘 안 된 모양이네요. 결국은 운동을 하게 된 것을 보면.

류호경 그것도 아닙니다. 장사를 잘했어요. 돈도 잘 벌었고…. (웃음) 그런데 몸이 안 좋아지는 것을 느꼈습니다. 우리 같은 사람은 몸이 더 나빠지는 것을 조심해야 합니다. 그래서 수영을 시작했습니다. 다치기 전에 가장 잘하던 운동이라 그냥 했어요.

김병준 아, 수영 국가대표를 지냈다고 들었습니다.

류호경 사실 수영을 시작하고 나서야 장애인들도 전문 체육인으로 활동할 수 있다는 사실을 알았습니다. 그 전에는 장애인올림픽 같은 대회가 있다는 것도 몰랐습니다. 어쨌든 알고 난 다음에는 생각이 달라졌습니다. 남보다 못하는 것도 아니고…. 결국 장사하며 틈틈이 건강이나 유지하려고 한 것이 2000년 시드니 장애인올림픽 수영선수로 나가는 데까지 발전했습니다.

김병준 그냥 그렇게 되었겠습니까. 각고의 노력이 있었으리라 생각됩니다. 그런데 지금은 수영이 아니라 사격입니다.

류호경 시드니대회 성적이 좋지 않았어요. 수영에서 꼴찌를 했습니다. (웃음) 귀국하는데 공항에서부터 대접이 달랐어요. 메달을 딴 선수들에게만 관심이 쏟아졌습니다. 이왕 시작한 것, 메달을 딸 수 있는 종목을 해야겠다는 생각이 들었어요. 그게 사격이다 했죠. 시드니에서 사격팀 바로 옆의 숙소를 쓰며 이들과 친하게 지냈는데, 이게 영향을 미친 것 같기도 합니다.

김병준 사격에서는 성적이 좋습니다. 수상 경력이 화려하네요.

류호경 2002년 부산에서 열린 아시아태평양 장애인경기대회에서 은메달을 땄습니다. 그리고 2004년 아테네 장애인올림픽에서 은메달을 목에 걸었고, 2010년 세계선수권대회에서 단체전 금메달을 땄습니다. 메달 운이 좋았던 편입니다. 하지만 개인전 금메달 운은 없었던 모양입니다. 0.1점 차이로 세 번을 놓쳤습니다. 0.1점의 한이 있습니다. (웃음)

김병준 단기간에, 어떻게 그렇게 잘할 수 있나요?

류호경 사격은 지구력입니다. 몸을 크게 움직이지 않지만 에너지를 많이 소모합니다. 공부도 몸을 쓰지 않지만 오래 하면 피곤해지죠. 같은 이치죠. 여기에다 호흡도 길어야 합니다. 겨냥할 때는 숨을 쉬지 말아야 하기 때문이죠. 수영을 했고, 그래서 호흡이 좋은 것 등이 도움이 된 것 같습니다.

대구에 감사

—

김병준 계속 청주시청 소속으로 되어 있습니다. 선수를 하다가 지금은 코치로 있고요.

류호경 2002년 부산에서 열린 아시아태평양 장애인경기대회에서 은메달을 딴 후 거주 지역인 청주의 시장께 인사를 갔습니다. 이 자리에서 장애인 체육의 의미와 장애인 체육인들이 겪고 있는 어려움 등을 이야기했습니다. 그랬더니 당시의 한대수 시장께서 장애인 사격팀을 만드는 것을 생각해 보자고 했습니다. 이게 2004년 실제로 만들어졌어요.

김병준 계속 운동을 하는 데 큰 도움이 되었겠네요.

류호경 우리나라 최초의 장애인 실업팀입니다. 이것을 있게 한 것에 대해 자부심을 느끼고 있습니다. 지금은 적지 않은 지방자치단체들이 창단을 하고 있거나 창단을 고려하고 있습니다.

김병준 (박종철 부장을 보고) 지방자치단체가 운영하는 장애인 실업팀이 얼마나 되나요?

박종철 꽤 됩니다. 역도 펜싱 농구 배구 등 40여 팀이 됩니다. 청주가 최초이고 대구가 잘하고 있습니다. 얼마 전에는 민간기업인 무궁화전자도 장애인 농구팀을 만들었습니다.

류호경 그래도 이런 부분은 지방자치단체 같은 공공기관이 관심을 가져 주어야 합니다. 일반 기업은 아무래도 관심이 덜할 수밖에 없습니다.

김병준 (다시 류 감독을 보며) 장애인올림픽 감독이기도 하지만, 국제 장애인 스포츠 커뮤니티에서도 중요한 역할을 하고 있죠?

류호경 아시아장애인올림픽위원회(APC) 선수위원장에 당선된 것 말인가요? 우연히 그렇게 되었습니다. (웃음)

김병준 주로 어떤 일을 하나요?

류호경 선수들의 권익을 보호하고 신장시키는 데 주된 관심을 두고 있습니다. 선수위원들의 영어가 좀 달려서 그런지 그동안 집행부나 의무분과위원회 등에 비해 다소 소극적인 역할을 해 온 것 같습니다. 열심히 해 볼 생각입니다.

김병준 영어를 잘하는 것으로 알고 있습니다.

류호경 잘한다고 할 정도는 아니고요…. (웃음) 아시아권 영어를 알아듣기가 쉽지 않아 고생을 하고 있습니다. 리듬과 억양 등이 정말 독특한 것 같아요.

롤-모델?

—

김병준 체육학으로 박사학위도 받았습니다.

류호경 사회적 역할을 다하기 위해서는 기본적인 지식이 있어야 합니다. 장애인은 더욱 그래야 할 것 같고요…. 그래서 하게 되었습니다. 한국체육대학에서 했는데, 석사와 박사를 합쳐 꼬박 8년이 걸렸습니다.

김병준 교수를 할 생각인가요?

류호경 강의를 좀 해 봤는데 그렇게 소질이 있는 것 같지 않습니다. 오히려 다른 일을 하는 것이 나 자신이나 후배들을 위해 더 좋은 일 아닌가 생각합니다.

김병준 어떤 일을 한다는 말인가요?

류호경 아직 구체적으로 말할 수 있는 단계는 아닙니다. 하지만 장애인 스포츠계에 들어온 이상 이쪽 후배들을 위해 뭔가 해야 할 것 같습니다. 예를 들어 우리 사회에서 점차적으로 커가고 있는 기부문화를 이쪽과 연결시키는 문제 등을 놓고 고민하고 있습니다. 그렇게 하자면 나부터 메달도 더 많이 따고, 그래서 포상금도 많이 받아 더 많이 내놓을 수 있어야 하는데…. (웃음)

김병준 결혼은? 아이는?

류호경 결혼을 했고 여섯 살짜리 아이가 있습니다.

김병준 아빠의 장애에 대해 어떻게 생각하고 있나요?

류호경 '느림보 거북이' 우리 아이가 나를 보고 하는 말입니다. 늦게 천천히 움직이니까. (웃음) 사실, 행여 나로 인해 마음의 상처를 입을까 늘 걱정을 합니다. 나중에 청소년기에라도 말이죠. 그래서 아이에게 아빠의 장애에 대해 이야기해 줍니다. 미리 마음을 나누는 것이죠. 그게 교육인 것 같습니다.

김병준 그런 걱정을 가지고도 부러울 정도로 표정이 밝습니다. 장애를 완전히 넘어선 것 같아요.

류호경 넘어선 게 아니라 인정하는 것입니다. 수시로 이렇게 이야기하곤 하죠. 과거는 이미 지나갔고, 미래는 미스터리, 즉 알 수 없다. 현재는 영어로 프레즌트(present), 즉 선물이다. 당신에게 온 선물, 현재가 가장 중요합니다.

김병준 장애인이 되지 않았더라면 어떤 인생을 살았을까 생각해 본 적이 있나요?

류호경 크게 생각해 보지 않았습니다. 하지만 이보다 더 의미 있는 인생을 살지는 못했을 것 같습니다. 틀림없이 그랬을 것입니다.

김병준 일부 언론에서 장애인들의 '롤-모델'이라 했는데, 이야기를 나누면서 다시 한 번 느꼈습니다. 단순히 성공했기 때문만은 아닌 것 같습니다. 생각과 행동 모두에서 많은 것을 느끼게 합니다.

류호경 쑥스럽습니다. 하고 싶은 일을 하고 살았는데 여기까지 왔습니다. '롤-모델' 될 사람들은 따로 있지요. (뒤의 박종철 부장을 가리키며) 저기도 계시고. (웃음)

김병준 오늘 말씀 대단히 감사했습니다.

신용하

원로 역사사회학자의 독도 지키기

어떻게 우리 스스로 우리의 배타적경제수역의 기점을
독도가 아닌 울릉도로 할 수 있나?
일본은 일찍부터 우리 땅 독도를
그들의 기점으로 선언하고 있는데….

신용하 교수는 역사사회학자다. 40년 가까이 서울대에 재직하며 민족사 연구와 독도 연구를 이끌었다. 지금은 학술원 회원으로 울산대 석좌교수로 있으며, 독도학회 회장 등을 맡고 있다. 《신용하 교수의 독도 이야기》《한국 항일독립운동사 연구》 등 많은 저서가 있다.

그를 이 책의 〈대담〉에 모신 것은 원로 학자로서가 아니다. 오히려 그에게 학자 이상의 무엇이 있기 때문이다. 이를테면 독도 문제에 있어서 그는 어떤 작은 왜곡도, 또 어떤 어정쩡한 태도도 용납하지 않는다. 논박하고 호통치고… 정말 피를 토하듯 한다. 이 점에 있어 그는 학자 이전에, 우리 역사와 영토의 지킴이다. 어제오늘의 일이 아니라 거의 평생을 그렇게 살아왔다.

그와 처음 마주하게 된 것도 그의 이러한 집념 때문이었다. 대통령 정책실장 시절, 그는 학문에 있어 까마득한 후배인 나를 이 사람 저 사람을 거쳐 어렵게 찾아왔다. 배타적경제수역의 기점을 독도가 아닌 울릉도로 하고 있는 것을 질타하기 위해서였다. 대통령도 나도 모르고 있던 사실이었다.

그때 그 원로 대학자의 진지하고도 울분에 찬 모습, 절대 잊지 못한다. 그의 질타는 바로 대통령과 관계 부처에 '강한 톤'으로 전달되었고, 정부는 바로 입장을 변경하여 '울릉도 기점'이 아닌 '독도 기점'을 일본에 통보하게 된다.

3·1절이 되고 광복절이 되면 늘 생각나는 분, 그를 프레스센터에 있는 『매일신문』 서울지사에서 만났다. 독도 이야기를 다시 한번 나누기 위해서였다.

도해면허(渡海免許)의 의미

김병준 민족사와 관련하여 듣고 싶은 이야기가 너무 많습니다. 하지만 오늘은 독도 문제에 집중했으면 합니다.

신용하 그게 좋을 것 같습니다. 큰 지면이지만 이 문제 하나만으로도 넘칠 수 있습니다. (웃음)

김병준 먼저 일본이 독도를 자기네 영토라고 하는데, 무얼 가지고 그럴까요?

신용하 17세기에 약 70년간 자기네들이 실효적 지배를 했다는 주장입니다. 그때는 울릉도를 '죽도'로, 독도를 '송도'로 불렀는데, 당시의 도쿠가와 막부가 시마네현의 두 어부 가문에 죽도 도해면허(渡海免許)와 송도 도해면허를 내어 준 게 있습니다. 즉 이 두 섬에 가서 고기를 잡을 수 있도록 허가해 준 것인데, 이게 바로 이 두 섬이 일본 영토였음을 증명하는 것이 아니냐는 것이죠.

김병준 도해면허를 내줬고, 또 그 면허로 고기잡이를 했다고요?

신용하 그렇습니다. 하지만 문제는 이 도해면허의 성격입니다. 당시 도쿠가와 막부는 쇄국정책을 펴고 있었고, 그래서 도해면허를 받아야 외국으로 나갈 수 있도록 했습니다. 무슨 뜻이냐? 도해면허를 내주었다는 사실 그 자체가 오히려 울릉도와 독도가 일본 땅이 아니었다는 말이죠.

김병준 그때 조선은 뭘 하고 있었나요? 일본 막부로부터 면허만 받으면 그냥 와서 고기 잡는 건가요? 조선 조정의 허가도 없이?

신용하 임진왜란 때 일본은 울릉도에 들어와서 주민들을 죽이고 노략질을 했습니다. 이에 조선은 주민들의 희생을 막기 위해 공도(空島)정책, 즉 울릉도를 비워두는 정책을 펴고 있었습니다. 그 사이 이걸 안 일본이 그렇게 한 것이죠.

김병준 어쨌든 일본 막부도 이 두 섬이 조선 땅임을 분명히 하고 있었던 것이고요?

신용하 여러 가지 증거가 있습니다. 일례로 1693년 봄 안용복이 어선단을 이끌고 울릉도에 들어갔다가 그곳에서 일본 어부들과 시비가 일었어요. 일본 어부들이 협상을 하자고 해서 일본 어선에 올랐는데, 일본 어부들이 그대로 납치해 일본으로 압송을 했습니다. 그러고는 일본 막부의 심문을 받도록 했죠.

김병준 그야말로 적반하장이군요.

신용하 그런데 이 어부 안용복은 울릉도와 독도는 조선 땅이라고 당당하게 주장했습니다. 그리고 자신이 죄를 지었다면 조선의 공도정책을 위반한 죄이고, 벌을 받는다면 조선 조정으로부터 받아야지 일본 막부로부터 심문당할 이유가 없다고 말했습니다.

김병준 대단한 인물입니다.

신용하 이에 도쿠가와 막부는 조선왕조가 만든 영토해설서인 《신증동국여지승람》 등을 살펴보는 등, 울릉도와 독도에 대해 조사한 후, 이

두 섬이 조선 땅임을 다시 한번 확인했습니다. 그리고 더 이상의 마찰을 피하기 위해 일본인들의 울릉도와 독도 출어와 도해를 금지시킵니다. 대마도 도주 등 이견을 제시하는 사람들에게도 더 이상 이 문제를 제기하지 말라고 했습니다.

김병준 그게 언제였나요?

신용하 1696년 1월의 일인데 단순히 그러고 만 것이 아닙니다. 이 결정을 조선 조정에도 외교문서로 알리면서 친교를 청했고, 이에 조선 조정도 답을 하며 세 차례나 외교문서가 교환되었습니다.

김병준 안용복은 어떻게 되었나요?

신용하 일본으로부터 구금이 풀려 조선으로 돌아왔습니다. 도쿠가와 막부가 그의 주장과 당당함을 인정했기 때문이었죠.

김병준 지금의 일본 정치지도자들이 그때의 지도자들 같으면 좋겠습니다.

신용하 일본 막부는 이 결정을 잘 지켰습니다. 일례로 1832년 하치 우에몽이라는 사람이 막부 허가 없이 독도와 울릉도에 들어갔는데, 그는 이 일로 참형에 처해졌습니다. 당시 심문 기록에는 외국에 허가 없이 다녀왔기에 사형에 처한다고 되어 있습니다. 그리고 지도가 첨부되어 있는데 여기에 울릉도와 독도는 조선 땅임을 표시하는 적색이 칠해져 있습니다.

억지는 언제부터?

—

김병준 막부가 타도된 이후, 그러니까 명치유신 정부는 어떤 입장이었나요?

신용하 초기에는 막부의 입장을 그대로 유지했습니다. 1876년 9월 내무성이 일본 지도를 제작하면서 각 지방 '현'에 그 지역 초안을 그려 올리라 지시합니다. 이때 시마네현 지사가 울릉도와 독도를 어찌할 것인가를 질의합니다. 현이 결정하기에는 너무 큰 문제라는 뜻이었죠. 이에 내무성은 5개월여 조사 끝에 일본 영토가 아니라는 결론을 내립니다.

김병준 그게 명치유신 정부의 입장이 되나요?

신용하 그렇습니다. 내무성의 이러한 결론을 바탕으로 당시의 최고 통치기관인 태정관(太政官) 우대신(右大臣) 이와쿠라 도모미(岩倉具視)도 울릉도와 독도가 일본 땅이 아님을 확인합니다. 그리고 이를 심득(心得), 즉 명심하라는 지시를 내립니다.

김병준 그 지령이 기록으로 남아 있나요?

신용하 서울대학교 규장각 실장을 할 때 그 존재를 처음 알았습니다. 박사학위 논문을 쓰는 일본의 젊은 학자가 규장각에 보관되어 있는 자료들을 복사해 주면, 일본에서 찾은 이 지령을 복사해서 주겠다고 했습니다. 자신이 논문으로 먼저 발표한 다음 공개해야 하고,

학문적 목적으로 써야 한다는 조건이 있었습니다. 아무튼 그렇게 해서 확인한 사료입니다.

김병준 정말 중요한 문건인 것 같습니다.

신용하 명치시대 국가의 최고기관인 태정관이 이를 확인했습니다. 이보다 더 명확한 것이 어디 있나요. 도쿠가와 시대에 막부의 최고 지도자가 울릉도와 독도가 조선 땅이라는 문서를 보내온 것에 더해서 말이죠.

김병준 그러면 일본이 독도를 두고 억지를 부리는 것은 언제부터인가요?

신용하 러일전쟁 때입니다. 러시아 발틱함대가 오는 것을 감시할 망루가 필요했는데, 그때부터 독도의 전략적 가치를 인식하게 되었습니다. 독도를 자기네 영토로 하면 동해가 일본 영해가 되고, 그럼으로써 동해 제해권도 가지게 된다는 생각도 하게 된 것이죠.

김병준 그래도 무슨 근거와 명분이 있어야 하는 것 아닙니까?

신용하 명분이 없었습니다. 그래서 무주지, 즉 주인이 없는 땅이라는 가정을 꾸며냈습니다. 마침 나카이 요사부로(中井養三郎)라는 어부가 독도 주변에 서식하는 강치(일명 바다사자) 잡이를 독점하기 위해 일본 정부를 찾아가 대한제국에 청원을 넣어 달라고 합니다. 이를 접한 해군성이 그럴 게 뭐 있느냐, 이 기회에 독도를 일본 땅으로 편입시키자고 합니다. 그러면서 그런 청원 대신 무주지 영토 편입 청원서를 내라고 합니다.

김병준 무주지라는 게 말이 안 되지 않습니까?

신용하 물론입니다. 하지만 그럼에도 불구하고 1905년 1월 28일, 일본 내각은 무주지 선점론을 내세우며 영토 편입을 결정했습니다. 다케시마라는 이름도 이때 붙여졌습니다. 국제법상 무주지인지 확인하기 위해서는 주변 국가에 조회를 해야 하는데 그러한 절차도 거치지 않았습니다.

김병준 대한제국은 항의도 하지 않았나요? 1월이면 을사늑약 10개월 전이라 외교권도 있었을 텐데요.

신용하 몰랐습니다. 일본은 이 중대한 내각 결정을 중앙관보에 올리지도 않았습니다. 1905년 2월 22일 시마네현 지방공무원 내부자료인 시마네현 현보에 작게, 두 줄로 고시한 것이 전부입니다. 시마네현은 2005년부터 이 2월 22일을 '다케시마의 날'로 정해서 기념하고 있습니다.

우리 땅 독도, 제대로 지켜야

—

김병준 해방이 되면서 독도는 다시 우리 땅으로 정리되었습니다.

신용하 1945년 9월 맥아더 연합국 최고사령부가 동경에 설치되면서 영토 정리 작업을 시작했습니다. 그리고 그 다음 해인 1946년 1월 스카핀(SCAPIN), 즉 연합국 최고사령관 지령 677호로 제주도·거문도·울릉도·독도가 한국 영토로 공표되었습니다.

김병준 그런데 이게 샌프란시스코 조약에서 흔들리지 않았나요?

신용하 샌프란시스코 조약은 일본과 연합국 사이의 강화조약인데, 이때 일본은 독도를 일본 영토로 만들기 위해 맹렬한 로비를 펼쳤습니다. 조약 초안을 작성하는 미국을 집중적으로 공략했는데, 독도를 일본 영토로 만들어 주면 미국이 레이더 기지와 기상 관측소로, 그리고 폭격 연습지로 쓸 수 있도록 하겠다고 했습니다.

김병준 결국 미국이 흔들렸습니다.

신용하 1차부터 5차 초안까지는 이상이 없었습니다. 그런데 6차 초안 시안에서는 독도를 일본 영토로 했습니다. 다행히 이에 대해 영국·오스트리아·뉴질랜드 등 3국이 반대를 했습니다. 그러고는 독도가 한국 영토라는 내용의 영국 초안을 별도로 만들었습니다. 그 결과 두 개의 초안이 회의에 올라가게 되었죠. 그러자 미국이 합동초안을 만들자 제안했고 이를 영국이 받아들였습니다.

김병준 그 합동초안에서 독도는?

신용하 조약문 간결화를 위해 사람이 살지 않는 무인도는 모두 명칭을 거론하지 않기로 했습니다. 독도는 무인도로 간주되어 명칭을 거론하지 않았습니다. 그래서 제주도·울릉도·거문도 세 개의 섬만 이름이 올라갔습니다.

김병준 일본은 이걸 독도가 일본 땅임을 묵인한 것이라 주장합니다.

신용하 말이 되지 않죠. 그 이전에 스카핀 677호가 있습니다. 연합국들의 합의에 의해 만들어진 국제법적 효력을 지닌 지령입니다. 또 샌프란시스코 조약의 결과를 일본의 중의원과 참의원이 비준을 했는데, 여기서도 샌프란시스코 조약에서 독도는 한국 영토로 재확인했고, 일본 영토에서 제외되었음도 재확인했습니다. 이때 영토와 관련하여서는 스카핀 677호가 확정한 지도와 동일한 연합국이 인정한 〈일본 영역 참고도〉가 붙어 있었습니다. 샌프란시스코 조약 역시 독도가 일본 땅이 아님을 확인했고, 이를 일본 의회도 인정한 후에 비준한 것입니다.

김병준 일본의 억지는 그렇다 치고 우리 스스로는 독도와 관련하여 잘하고 있나요? 때때로 그런 것 같지 않아서 묻는 말입니다.

신용하 미 국무부 산하에 지명위원회가 있습니다. 여기서 세계 각국의 영토와 지명을 규정하는데, 2008년 7월 독도를 '주권 미지정(sovereignty undesignated)' 지역으로 규정한 적이 있습니다. 미국 국회도서관에서 일하는 한국인 사서 한 사람이 발견했고, 이에 우리 국민과 정부가 미국에 항의를 해서 바로잡았던 일입니다.

김병준 기억이 납니다.

신용하 이때 주미 한국대사관 측이 미국 국무부 장관에게 재발 방지를 요청하자 미국 국무부 장관은 그렇게는 못한다고 했다고 합니다. 너희 땅이면 주권 행사를 분명히 해야지, 너희 스스로 일관성이 없다고 지적했다고 합니다.

김병준 일본과의 어업협정에서 독도를 중간 수역 안에 놓은 것을 말하는 것 아닌가요? 하지만 그것은 영토 문제와 관계없는 그야말로 어업 협정입니다.

신용하 영토와 관계없는 것은 맞습니다. 그러나 어업협정 제1조가 배타적 경제수역과 연관되어 있습니다. 우리는 1997년부터 2005년까지 8년간 배타적경제수역 기점을 독도가 아닌 울릉도로 했다가 2006년에 독도로 교정했습니다.

김병준 이를 아는 국민이 얼마나 되겠습니까? 개인적으로도 그 이야기를 듣고 우리 외교에 참담한 기분을 느낀 적이 있습니다. 다행히 우리도 2006년부터 독도를 배타적경제수역*의 기점으로 선언하고 있습니다. 어떻게 이런 일이 일어날 수 있는지 정말 답답합니다.

* 앞의 머리글에서 밝힌 바와 같이 우리 정부가 우리의 배타적경제수역의 기점을 독도가 아닌 울릉도로 하고 있다는 사실을 나에게 알려준 분이 바로 신용하 교수였다. 일본은 1997년 이래 줄곧 독도(그들의 표현으로는 '다케시마')를 그들의 배타적경제수역의 기점으로 하고 있었다.

신용하 일본 외무성은 우리 외무부와 다르죠. 강력한 국가주의 문화 아래 외국을 지배하던 역사를 지니고 있습니다. 해외 업무를 담당하는 고등경찰조직 일부까지 운영하기도 했습니다. 그만큼 전략적이고 조직적이고 치밀합니다. 이에 비해 우리는 느슨하죠. 그래서 독도와 관련해서도 걱정이 많습니다.

김병준 끝까지 귀한 말씀을 해 주셨습니다. 대단히 감사합니다.

김희수

성공한 안과의사,
대학 설립으로 또 다른 열정적 인생을

유람선 타고 여행이나 하며 살 걸,
이 일을 왜 시작했는지 모르겠다.
이 나이에 휴가도 없이.

1962년 서울 영등포에 '영등포 김안과'로 유명한 〈김안과 병원〉을 열었다. 돈도 많이 벌었고, 그 돈으로 고향 논산에 중·고등학교를 세웠고, 이어 남들은 하던 일도 그만하는 63세에 건양대학교를 설립했다.

김희수 건양대학교 명예총장, 2021년 현재 93세이다. 말로는 "크루즈 유람선 타고 여행이나 다니며 살 걸…" 하지만, 학교와 교육에 대한 그의 열정은 누구도 따라가기 어렵다. 17년을 총장으로 있으면서 하루 1만 보 이상 걸으면서 학생들과 대화하고 교직원들을 독려했다. 시험 기간에 도서관을 돌며 빵과 우유를 나누어 주어 '빵 총장', 교정에 떨어진 담배꽁초나 쓰레기를 일일이 줍고 다녀 '담배꽁초 총장', 그가 얻는 별명들이다.

교수들의 강의나 학생들의 활동도 그냥 보고 있지 않았다. 일찍이 '실용성'을 추구하는 대학으로 방향을 정한 후, 강의가 그렇게 이루어지고 있는지를 매일같이 점검했다. 또 학생들의 복장과 행태 또한 우리 사회의 보편적 문화와 맞지 않는다고 생각하는 경우, 이를 일일이 지적하곤 했다. 그 결과일까, 건양대학교는 개인이 세운 지방대학임에도 불구하고 비약적으로 발전했다. 규모와 시설, 취업률, 각종 시험합격률, 국가 지원사업 확보, 사회적 평판 등 모든 것을 두고 하는 말이다.

그러나 그의 열정과 관심이 지나쳤던 탓일까. 직원에 대한 '갑질' 시비가 일면서 총장직에서 물러났다. 그의 말대로 '크루즈 여행'이나 하고 다녔으면 경험하지 않아도 될 일이었다. 그러나 그 열정이 어디 가겠는가. 그는 2021년 5월에도 명예총장으로서 총장과 함께 1,500명 신입생과 '온라인 소통 간담회'를 가졌다. '90대 젊은이'의 열정을 다시 한번 보여 준 것이다.

이 〈대담〉은 그가 총장직에 있을 때, 건양대학교 대전캠퍼스에서 이루어졌다.

괜히 시작한 학교?

—

김병준 어떻게 이렇게 젊고 건강하게 사시나요? 많은 사람이 부러워합니다.

김희수 젊으니 젊게 사는 거죠. 100세 안 되면 다 젊은 것 아닙니까? (웃음)

김병준 운동을 많이 하시는 것 같습니다.

김희수 체육관에서 역기도 들고 몸 뒤로 눕히기와 거꾸로 매달리기도 합니다. 한 달에 열댓 번 그렇게 하지요. 그리고 학교 이곳저곳을 다니며 하루 1만 보 이상을 걷습니다.

김병준 젊은 학생들하고 같이 지내니 젊어지시는 모양이네요. 교육 사업은 언제부터 하시게 되었나요?

김희수 35년 좀 넘었습니다. 고향 어른들이 찾아와 재정난에 빠진 중학교를 맡아 달라고 했습니다. 병원 해서 돈을 벌었으니 고향에 그만한 일 좀 하라는 이야기였죠. 힘들게 거절했는데 얼마 후 다시 찾아왔습니다. 어쩌겠어요. 아버지 묘가 있는 고향인데…. 게다가 의미 있는 일 같기도 하고요. 지금 생각하면 그때 발을 들여놓지 말아야 하는 건데, 영 잘못한 것 같아요. (같이 웃음)

김병준 하긴, 그게 대학을 세우고 운영하는 데까지 갔지요. 보통 일이 아닐 것 같습니다.

김희수 대학도 지역 국회의원 등의 설득에 넘어가는 바람에 이렇게 되어 버렸습니다. 신경 쓰고 돈 써야 하는 일이 끝도 없습니다. 괜히 시작해 가지고서는….

김병준 (크게 웃음)

김희수 법대 나온 똑똑한 사람들은 이런 일 잘 벌이지 않지요. 어리석은 의사들이나 이러지. 좋은 일 좀 해라 어쩌고 하면 그냥 넘어가 버립니다. 인제대, 한림대, 을지대, 차의과대, 가천대, 한서대…. 다 의사들이 세운 대학들입니다.

김병준 공적 가치에 대한 생각이 그만큼 크다는 말 아니겠습니까, 실제로 보람을 느낄 때가 많을 것이라 생각됩니다.

김희수 사실은 그렇습니다. 그러니 이렇게 힘들어도 하고 있는 것이죠. 고향에 좋은 학교를 만들어 인재를 양성하는 것, 정말 멋진 일이 아닙니까? 처음 중학교를 맡을 때도 이런 마음이었습니다.

김병준 당연히 열심히 하셨을 것 같습니다.

김희수 중학교를 맡았을 때 말인가요? 열심히 했습니다. 학교 건물이 형편없어 새로 지어야 했는데, 당시 벽돌이 시원치 않아 직접 벽돌을 찍어가며 지었습니다. 화장실을 모두 수세식으로 하고, 교실에는 TV를 달았습니다. 또 기숙사와 테니스장도 만들었습니다. 35년도 더 된 세월의 이야기이죠. 그때 그런 학교 보기 힘들었습니다.

김병준 아이들이 좋아했겠어요.

김희수 시설 하나를 통해서도 학생들이 뭔가 새로운 것을 느끼게 하고 싶었습니다. 실제로 냄새가 나지 않는 화장실이 신기해 그 안에 계속 앉아 있던 학생이 있었습니다. 학생 하나가 없어져 찾았더니 화장실에 앉아 있었던 거죠. 지금도 그 아이 생각이 납니다. 뭔지 몰라도 그 안에서 새로운 세상을 생각하지 않았을까요.

김병준 병원 일 하면서 학교를 시작한 것 아닌가요?

김희수 그렇습니다. 그래서 서울 논산 간을 수없이 다녔습니다. 호남선이라 여러 가지가 불편했지요. 차도 자주 없고 느리고. 하지만 학교가 어떻게 되는지 궁금해서 견딜 수가 없었습니다. 내려가면 아이들이 이사장이라고 인사하고…. 참 기분이 좋았습니다. 기대했던 만큼의 성과가 나지 않아서 그렇지.

김병준 흡족하지 않은 게 있는 모양입니다.

김희수 이를테면 사립학교라 교사들이 한 학교에 갇히게 됩니다. 그러다 보니 새로운 것에 대한 자극이 약해지고 교육 현장에서의 긴장감도 떨어지게 됩니다. (웃는 얼굴로 대담자를 가리키며) 그래서 그런지 이런 큰 인물들도 생각만큼 많이 나오지 않고요.

별의별 일을 다 겪고

—

김병준 대학을 세울 때는 더 열정적이었을 것 같습니다.

김희수 고생을 많이 했습니다. 흔히들 정부가 땅이라도 마련해 준 걸로 아는데 전혀 그렇지 않습니다. 모두 돈으로 샀습니다. 그 과정에서 국세청에 불려가 조사를 받기도 했지요. 대학을 한다고 하면 땅값이 올라가니까 농장을 한다며 사들였는데, 국세청에서 이를 투기로 본 것이죠.

김병준 (웃음) 학교 역사에 반드시 남겨 두어야 할 이야기 같습니다.

김희수 그런 일만 있었나요? 하필이면 그때 주택 200만 호 건설이 시작되었습니다. 시멘트와 철근 등의 자재와 인력을 제때 구할 수가 없었죠. 자재값과 인건비가 뛰는 것은 당연한 일이고, 그래서 돈도 끝없이 들어갔어요. 시작한 걸 후회한 적이 한두 번이 아니었습니다.

김병준 생각납니다. 아파트 짓는 데도 모래를 구할 수 없어 염분이 다 빠지지 않은 중국산 바닷모래를 썼다고 해서 시비가 일기도 했습니다.

김희수 그렇게 돈이 들어가는데도 돈 받고 교수 채용하는 짓 따위는 하지 않았습니다. 사실, 당시만 해도 여기저기서 그런 짓을 했지요. 나 역시 유혹을 받은 적이 있습니다. 누가 몇천만 원 들고 오면 이걸로 시멘트를 얼마나 살 수 있고, 책상을 몇 개나 살 수 있는데 하는 생각이 지나가기도 했지요. 하지만, 일절 그러지 않았습니다. 오히려 면접을 보러 온 교수 후보자들에게 교통비를 지불했지요.

김병준 그런 것이 쌓여 이렇게 빠르게 성장한 것이죠. 돈 받고 교수 채용하면 시멘트야 사겠지만 이후 무슨 체면으로 학교를 끌고 갈 수 있겠습니까.

김희수 내가 생각해도 참 잘한 것 같습니다. 그때 한 번이라도 먹었으면 계속 먹었을 것 같습니다. (웃음) 그나마 내게 돈이 있었기에 다행이지, 없었다면 어찌 되었을까요.

환자도 돈도 쏟아져 들어오고

—

김병준 돈 이야기를 하셨으니 돈 번 이야기를 좀 하지요. 안과병원이라고 해서 다 돈을 버는 것도 아닙니다. 뭐가 그리 특별했나요?

김희수 연세대 의대를 졸업하고 인턴 등을 한 후 미국유학을 갔습니다. 그때만 해도 우리나라 의사들은 몹시 권위적이었죠. 환자에게 반말하는 게 예사였고 응급실이 제대로 운영되지 않아 밤중에 이 병원 저 병원 문을 두드리다 죽는 수도 있었습니다. 그런데 미국은 아니었죠. 의료는 서비스가 생명이었고 환자는 왕이었습니다.

김병준 그때 느낀 걸 실천에 옮겼나요?

김희수 귀국 후 개업을 했는데 365일 문을 열었습니다. 환자에게 친절하게 대해 밤에도 환자를 보았습니다. 그랬더니 김안과는 언제 가도 의사가 있고, 또 친절하다는 소문이 났습니다. 환자를 감당할 수 없을 정도로 몰려들었지요. 의사 열댓 명이 하루 3천 명의 환자를 보기도 했어요. 밥 먹을 시간도 없었습니다.

김병준 그렇게 번 돈을 교육 사업에 쏟아 부었습니다. 가족들은 불평이 없었나요?

김희수 마누라 칭찬하기는 좀 그렇기는 한데, 이 점에 있어 정말 고맙게 생각합니다. 나 몰래 딴 주머니를 차고 있었던 모양인데, IMF때 그 돈을 내어 놓아 요긴하게 썼습니다. 이자가 28%까지 가는 상황이었죠. 만일 빌려 썼더라면 학교에 얼마나 큰 부담이 되었을까요.

김병준 말리는 것이 아니라 오히려 감추어 두었던 돈까지 내어 놓았다고요?

김희수 지금도 모자 쓰고 학교 안의 조경 일 등을 거들고 다닙니다. 사실 돈이란 게 그렇습니다. 잠시 내가 맡아 있는 것이죠. 쌓아 놓아 뭐 하나요. 국세청에서 오라 가라 할 것이고, 이자가 내리면 내리는 대로, 또 오르면 오르는 대로 신경 써야 합니다. 제대로 잘 돌려주면 행복해집니다.

지옥 같은 대학

김병준 30년도 채 안 된 대학이 이렇게 성장을 했습니다. 졸업생 취업률이나 국가 지원사업 획득, 그리고 각종 시험에서의 합격률 등이 모두 상위권에 있습니다.

김희수 나는 의사입니다. 복잡한 교육 이론을 모릅니다. 오히려 상식으로 합니다. 학교와 교수가 학생들을 맡았으면 책임져야 한다는 것, 세상이 필요로 하는 사람을 길러야 한다는 것, 그런 상식입니다. 흔히들 대학을 '상아탑(象牙塔)'이라 하는데, 나는 그렇게 생각하지 않습니다. 실용성, 즉 세상이 필요로 하는 사람을 길러내는 게 우선입니다.

김병준 교수들 입장에서는 실용성보다는 진리 탐구가 우선이라 생각할 수도 있습니다.

김희수 건양대학에서는 그게 안 통합니다. 예컨대 안과의사는 환자의 눈을 고칠 수 있어야 합니다. 의과대학은 그렇게 할 수 있는 의사를 길러내야 합니다. 다른 분야도 마찬가지죠. 4년을 붙들어 두었으면 우리 사회가 요구하는 실질적 문제들을 풀 수 있도록 만들어 놓아야 합니다.

김병준 대부분의 대학들이 요즘 와서야 실용성을 강화하고 있습니다. 교육부의 요구 때문에 마지못해 그러는 경우도 많습니다. 오래전에 그런 생각으로 대학을 세웠다는 것이 놀랍네요.

김희수 무식하니까 그렇게 하는 것 아닐까요? 복잡한 교육 이론 배웠으면 이렇게 할 수 있겠어요?

김병준 (웃음) 또 하나, 연구보다 학생을 가르치고 지도하는 것을 우선시하는 것 같습니다.

김희수 맞습니다. 건양대학은 교육 중심 대학입니다. 학생 가르치는 것이 우선입니다. 가르친다는 의미도 그렇습니다. “나는 강의했으니 그만이다” 하는 교수는 이 대학에서는 곤란합니다. 끝까지 책임져야 합니다.

김병준 무슨 의미인가요?

김희수 영어를 가르치면 영어를 잘하게 만들어야 하고, 토익이나 토플 점수도 잘 나오게 만들어야 합니다. 의사시험이든 뭐든 시험을 쳐야 하는 경우면 합격시켜야 합니다. 취업을 잘할 수 있게 해서 취업률도 높여야 하고요.

김병준 이 대학의 교수가 아닌 게 다행이란 생각이 드네요.

김희수 잘 알고 있습니다. 안팎에서 욕을 많이 하죠. 어떤 교수는 지옥이라고 합니다. (같이 웃음) 하지만 나는 이게 옳다고 생각합니다. 생각해 보세요. 웬만한 지식과 정보는 스마트폰이나 인터넷을 통해 다 얻을 수 있습니다. 그걸 전달하고 끝나는 게 대학교육의 본질이 될 수 있겠나요.

김병준 학생들에게도 요구하는 게 많을 것 같습니다.

김희수 그렇습니다. 우선 공부를 빡빡하게 시킵니다. 졸업하려면 일정 학점을 따는 것은 물론 학교가 정한 특별한 졸업요건을 다 채워야 합니다. 영어 성적을 일정 수준 이상 올려야 하고, 정해진 만큼의 책도 읽어 심사를 받아야 합니다. 강의실에서는 휴대폰꽂이에 휴대폰을 보관해야 합니다. 강의에 집중하라는 것이죠.

김병준 꽤나 불평이 있을 것 같습니다.

김희수 싫으면 쉽게 졸업하는 학교 찾아가라고 합니다. 그 대신, 학교에서 하라는 것 다 했는데도 취업이 안 되면 그동안 받았던 등록금을 돌려주겠다는 자세로 가르칩니다. 또 학교를 학생들이 좋아하는 공간으로 만들기 위해서 노력합니다. 볼링장에다 심지어 노래방과 골프연습장까지 있습니다. 학교 안에서 공부하고 놀고 다 하라는 이야기죠.

김병준 졸업식을 3일간 하는 걸로도 유명하죠.

김희수 총장이 한 사람 한 사람 손잡고 인사하다 보니 그렇게 됩니다. 하루 600~700명씩 두 시간짜리 행사를 3일간 단과대학별로 합니다. 헤어지는 정을 나누면서 또 서로 배우고 느끼고 하는 것이죠. 그러다 보니 다른 대학과 달리 졸업식이 졸업식 같습니다. 참석률도 매우 높아요.

김병준 학생들에게 정을 많이 주는 것 같습니다.

김희수 교수들 보고도 이야기합니다. 학생들을 자식처럼 여기라고. 자식들이면 어떻게 가르치고 어떻게 보살피겠느냐고. 병원에서도 마찬가지입니다. 환자들을 부모님처럼 생각하라고 합니다.

김병준 괜히 시작했다고 하셨는데 그 말씀이 이해가 갑니다. 그런 생각으로 하나하나 열심히 챙기시니 그런 말씀을 하시는 것이죠.

김희수 정말 괜히 시작했습니다. 크루즈 여객선 타고 유럽 여행이나 하며 살 걸…. 이 나이에, 휴가도 없이 말입니다.

김병준 많은 사람들이 고마워할 것입니다. 오늘 감사합니다.

상희구

사업 실패 후 등단,
경상도 방언 '말모이'에 빠진 시인

사업 실패 후 시를 배웠어요.
이제 쓰지 않고는 견딜 수가 없어요.

바닥을 드러낸 쌀통을 긁는 소리에 눈을 뜬 아이. 이어 들려오는 어머니의 탄식, "아이고 내 새끼들 다 우짜노. 내 새끼들 다 우짜노." 아이는 생각했다. "장구든 북이든 쌀통이든 속을 비우면 다 우는구나. 버어억- 버어억-." 그때부터 아이는 새벽잠을 잃었다.

상희구 시인, 그는 그렇게 자랐다. 다들 어려운 시절이었지만 유난히 어려웠다. 신문팔이, 행상, 사환 등 하지 않은 것이 없었고, 돈이 없어 중학교를 자퇴해야 했었다. 사환으로 있던 대구소방서 소방관들이 도와 다시 중학교를 다녔고, 이어 대구상고 야간부를 졸업했다. 커서 섬유회사를 하며 돈을 제법 벌기도 했다. 그러나 결국은 실패, 문을 닫고 말았다. 방황 끝에 우연히 쓰기 시작한 시(詩), 이후 그것이 그의 인생이 되었다.

그는 대구를 시로 쓴다. 그것도 대구 사투리로 쓴다. 이 시로 대구의 언어, 대구의 정서, 대구의 서사, 대구의 생태를 복원해 내고 있다. 《대구》《노곡동 징검다리》《권투선수 정복수》《오솔길 끝에 막은안창집에는 할매 혼자 산다》《우리 시누이야》 등 아홉 권의 시집이 있다. 앞으로 한 권을 더 써 《대구시지(大邱詩誌)》를 완성할 계획이다. 대구에 대한 시작(時作)이 그의 존재 이유이고, 그래서 쓰지 않고는 견딜 수 없어 쓴다는 그를 만났다. 그리고 무엇이 그를 그렇게 만들었는지부터 물었다.

왜 대구 사투리인가?

김병준 시(詩)가 대부분 대구에 관한 것입니다. 대구 풍물, 대구 사람, 대구 골목, 대구 장터… 등, 그것도 대구 사투리로 쓰고 있습니다. 우선 이것부터 질문해 볼게요. 왜 대구인가요?

상희구 대구가 고향입니다. 산, 강, 하천, 골목길, 장터, 음식, 사람 등 모든 것이 내 가슴에 하나하나 각인되어 있습니다. 우리 몸의 일부가 시간이 되면 각질의 형태로 저며 나오듯이, 또 고승(高僧)의 몸에서 응결된 무엇이 사리(舍利)로 응축되듯, 그 각인된 것들이 하나하나 시(詩)가 되어 밖으로 나오죠.

김병준 대구가 주는 의미가 그 정도로 큰가요?

상희구 그렇습니다. 쓰지 않으면 견딜 수 없어 씁니다. 대구에 대한 시작행위(詩作行爲)는 내 존재 이유이기도 하지요.

김병준 뭔가 특별한 사연이나 기억이 있는 것 같습니다. 나 역시 대구가 고향이고 여러 가지 사연도 있지만, 그 정도는 아닙니다.

상희구 어린 시절 너무 어려웠습니다. 아버지가 딴 여성과 살림을 차렸고, 우리 식구를 돌보지 않았습니다. 어머니가 우리 4남매를 정말 어렵게 키웠습니다. 위로 형이 있기는 했는데 집안일에 별 관심이 없었습니다. 정말 너무 힘들었고, 힘드니 외로워지더라고요. 그래서 그랬던지 온 대구 바닥을 누비고 다녔습니다.

김병준 몇 살 때 이야기인가요?

상희구 아홉 살, 열 살 안팎일 때부터 그랬습니다. 사실 그때부터 일을 했습니다. 신문팔이, 행상, 사환 등 안 해 본 게 없습니다. 그러면서도 틈만 나면 돌아다녔어요. 산, 강, 하천, 도랑, 비산동, 남산동 골목들 하며….

김병준 오늘 뵈러 오는 길에 〈허흡 대구시장〉이라는 시를 읽었습니다. 사람들이 하도 많이 이야기를 하니까 그 시장(市長)을 보러 동인동에 있는 시장공관(市長公館) 앞에 갔다고 했는데, 계산해 보니 정말 열두 살 때 이야기네요. 아이치고는 참 이상한 아이였던 모양입니다.

상희구 그런데 이상한 것은 그렇게 돌아다니는 게 참 좋았습니다. 사람이든 골목이든, 미술 전시회든 보고 맞닥뜨리는 모든 게 위안이 되었습니다.

김병준 책도 많이 보았다는 기사를 읽은 적이 있습니다. 세상을 본다는 점에서 돌아다니는 것과 같은 의미가 아니었나 싶습니다.

상희구 시집도 많이 읽고, 학교 낼 돈을 떼먹으면서까지 프랑스 영화, 이태리 영화를 보기도 했습니다. 김동원 극단이 대구 키네마극장(1957년 이후 한일극장)에 오면 무조건 쫓아가서 봤습니다. 지금 생각하면 그것도 큰 위안이 되었던 것 같아요.

김병준 이 모든 것들이 시작(詩作)의 바탕이 되는 모양입니다. 대구의 모습과 그 속에서의 인생이 너무나 사실적으로 묘사되고 있습니다.

상희구 언젠가 500편 가까운 시를 2년 만에 쓴 적이 있습니다. 어느 방송사 기자가 물었어요. 이 많은 시를 어떻게 그렇게 짧은 시간에 쓸 수 있냐고. 이렇게 대답했습니다. "출력은 5분 만에도 하지만 그걸 입력하는 데는 60~70년의 세월이 걸린다." (웃음)

김병준 대부분 대구 사투리로 쓰고 있습니다. 그 이유가 뭔가요?

상희구 처음부터 그렇게 작정한 건 아니었습니다. 하지만 표준어로 대구를 표현하는 데는 한계가 있었죠. 마치 이쑤시개가 필요한 사람에게 홍두깨를 내미는 격이랄까? 특히 1950년대 등 과거 엄혹했던 시절의 대구 정서를 표현하는 데는 더욱 그렇습니다.

김병준 맞습니다. 그런 걸 느꼈습니다. 절제된 사투리 시어(詩語) 한두 개로 어린 시절이 그대로 복원되는 느낌을 받았어요. 사투리가 주는 무엇이 있는 것 같아요.

상희구 대구 사투리는 의성(擬聲)과 의태(擬態)의 표현이 아주 거칠고 투박하지요. 그러면서도 그 층이 많아 표현이 매우 섬세합니다. 예를 들어 '푸르다'는 말도 층이 10개쯤 되지요. '파랗다' '새파랗다' '포리스룸하다'를 지나 9단계쯤 가면 '포리족족하다'가 나옵니다. 애들 입술이 추워서 파랗게 변했을 때 쓰는 말인데 이걸 그냥 표준어로 써서는 대구 정서를 표현하기 힘이 들죠.

사업 실패와 방황, 그리고 등단

—

김병준 원래 시를 쓰던 분이 아니었죠. 젊은 시절, 사업을 한 걸로 알고 있습니다.

상희구 마흔다섯 살에 등단을 했습니다. 그전에는 섬유사업을 했습니다. 서울에 사무실을 두고 대구 직조공장에 하청을 주곤 했죠. 지금으로 치면 연간 외형이 200억 원~300억 원쯤 되는 규모였습니다. 돈을 좀 벌기도 했죠. 하지만 결국 실패하고 말았어요.

김병준 그래도 사업을 했는데 어떻게 시를 쓰게 되었나요? 그전에 써 본 적이 있었나요?

상희구 전혀 없었습니다. 사업에 실패하고 나니까 가슴이 공허해지고, 그러더니 묘하게 시가 가슴 속으로 들어오더라고요.

김병준 그래도 무슨 계기가 있었을 것 아닐까요?

상희구 하루는 서울 남산공원의 벤치에 앉아 신문을 보는데, 신문사 문화센터에서 시와 그림 같은 것을 가르친다고 되어 있었어요. 왠지 가보고 싶어서 갔고, 거기서 처음으로 시를 써 봤습니다. 물론 습작이었죠.

김병준 느낌이 어땠나요?

상희구 김광민 시인이 가르쳤는데, 이 습작을 보고는 '시를 20년쯤 쓴 사람처럼 능숙하다'고 했습니다. 내 스스로 놀라기도 했죠. 하지만 한 달 뒤 선생님이 바뀌면서 나도 그만둬 버렸습니다. 그랬더니 같이 배우던 사람이 전화를 했어요. 선생님이 곧바로 시인이 될 수 있는 사람이라고 했는데 왜 나오지 않느냐고요…. 그래서 다시 나가게 되었고, 그곳에서 다시 김윤성 시인, 그리고 정진규 시인으로부터 배우게 되었습니다.

김병준 이 선생님들의 평가도 좋았던 모양이네요.

상희구 두 번째 습작을 했는데 김윤성 시인이 극찬을 했습니다. 《현대문학》 주간을 맡고 계셨는데 바로 등단을 시키겠다고 학생들 앞에서 약속을 했습니다. 〈낮 꿈〉이란 시였는데 실제로 이 시로 등단을 했습니다. 김윤성 시인이 《현대문학》을 그만두고 미당 서정주 시인과 《문학정신》을 창간하게 되었는데 바로 이 잡지에 등단을 시켜 준 것이죠. 이 시로 '문학정신 신인상'을 받기도 했습니다.

김병준 습작 한두 편 쓴 후 등단을 하고, 게다가 상까지 받는다는 게 믿어지지 않습니다.

상희구 그런 일이 또 있었습니다. 등단 후 이상하게도 '발해'가 계속 머릿속을 맴돌았어요. 그래서 〈발해 기행〉이라는 걸 썼는데, 정진규 시인이 이를 어디선가 보고 자신이 주간으로 있는 《현대시학》에 연재하자고 했습니다. 한 편을 싣기도 힘든데 등단한 지 1년도 안 된 사람에게 연재를 하라니? 편집장에게 몇 편이면 되겠느냐 했더니 다섯 편이면 좋겠다고 했어요.

김병준 엄청 기뻤겠습니다.

상희구 이만한 격려가 또 어디 있나요. 그때부터 이미지와 영감이 마구 떠올랐습니다. 심지어 상형문자와 한자를 해체해서 조형화하기도 하고, 그래서 시가 아니라 그림이라는 이야기까지 듣기도 했습니다. 내가 생각해도 기상천외한 상상력이었는데 무려 100편을 단숨에 썼습니다.

김병준 그만한 감성과 열정이 있었다는 이야기 아닐까요?

상희구 좋은 대학에서 정규 문학교육을 받았으면 저런 작품이 나올 수 있겠느냐는 이야기가 돌았어요. 그게 아니니 그런 시가 나온 것 아니냐는 이야기였지요. 학벌에 대한 선입관을 줄이는 데 기여한 것 같아 더욱 뿌듯했습니다.

김병준 시라는 게 많이 배웠다고 되는 것이 아니지 않나요.

상희구 어머니의 언어감각이 남달랐던 것 같습니다. 동네 아이들의 별명을 어머니가 다 지어주곤 했어요. "너는 모타리(체구)가 작으니까 딸보라 하자" 하는 식으로. 사투리도 마찬가지입니다. 때로 그 많은 사투리를 어떻게 다 기억하고 있느냐는 질문을 받곤 하는데, 이럴 때도 어머니의 DNA를 그대로 물려받은 것 같다고 대답하곤 합니다.

대구방언 사전을 만들어야

김병준 의도했건 의도하지 않았건 사투리로 쓴 시들이 대구의 언어를 복원하고 있습니다.

상희구 그렇게 말하는 분들이 있습니다. 《현대시학》에 〈대구〉를 연재하고 있는데, 그 발문을 쓴 정진규 시인이 내 시를 언어의 복원, 정서의 복원, 생태의 복원, 서사의 복원이라고 했습니다. 또 어떤 분은 시의 형식으로 대구의 인문지리를 녹여 내었다고 말하기도 합니다.

김병준 앞으로도 많은 작품을 할 것 같습니다.

상희구 우선 《대구시지(大邱詩誌)》를 완성하는 것입니다.

김병준 시지(詩誌)라면?

상희구 기록한다는 말입니다. 《삼국유사》나 《동국여지승람》 같은 것이 다 시지 형식입니다. 모두 10집을 구상하고 있는데 지금 6집까지 냈습니다. 1집은 대구의 일반 서정, 2집은 장터 풍물, 3집은 대구의 음식과 명소, 4집은 대구 인물, 5집은 경상도 사투리의 속살, 6집은 대구의 사찰 재실 서원 문중 이야기입니다.

김병준 그러면 앞으로 나올 네 개의 시집은?

상희구 7집은 대구의 역참 전설 설화 봉수, 8집은 신 대구 십경(十景), 9집은 민속 세시풍속, 10집은 팔공산을 비롯한 산과 강 하천 등이 될 것입니다. 모두 지금 자료조사 중입니다. 조사를 하다 보면 흥분도 되고, 영감이 물밀 듯 솟아오르기도 합니다.

김병준 비용이 문제 될 것 같습니다.

상희구 솔직히 힘이 듭니다. 지금껏 자비로 해 왔는데 이게 거의 바닥이 났습니다. 시지도 그렇지만 방언사전을 계획하고 있는데 이게 더 문제입니다.

김병준 방언사전? 경상도 사투리사전 말인가요?

상희구 그렇습니다. 지금껏 새로 찾은 것만 해도 수천 개입니다. 방언이 뭐 그리 중요하나 할 수 있지만 단순히 그렇지는 않습니다. 언어의 다양성이라는 점에서 매우 중요합니다. 들꽃이 있어야 백합이 더욱 빛나듯 사투리 속에서 표준어도 더욱 빛이 나는 것입니다. 들꽃은 들꽃대로 아름다운 것은 말할 필요도 없고요.

김병준 공공기관들이 좀 밀어주거나 독지가가 나와 줬으면 좋겠습니다. 그야말로 대구와 경북의 모어(母語) 아니겠습니까.

상희구 다행히 최근 방언에 대한 관심이 커지고 있습니다. 사투리대회나 사투리 시낭송대회를 하는 곳도 있어요. TV 드라마 〈응답하라 1988〉 같은 것도 부산 사투리로 이루어지지 않았습니까. 그 맛도 대단했고. 좋은 일이 있으면 좋겠습니다.

김병준 어쨌든 많은 일을 계획하고 있는 것 같습니다.

상희구 《대구시지》가 완성되고 방언사전을 만들고 나면 소설 하나를 쓰고 싶습니다. 또 대구와 경북 곳곳의 명소를 둘러보는 천소(千所) 천경(千景)도 쓰고 싶고요.

김병준 그 많은 일을 다 할 수 있을까요?

상희구 하는 데까지 하는 거죠. 그렇지 않으면 이 가슴이 메워지지 않을 것 같습니다.

김병준 시 하나를 소개하며 우리 이야기를 정리하겠습니다. 감사합니다.

〈시시마꿈과 전칠바꿈〉

장독 가새는 봉숭아

새미 가새는 쪽도리

도랑 가새는 여뀌

요론 꽃들은 요록쿰

지가 좋아하는 데서

시시마꿈 피고

이월에는 산수유

삼월에는 개나리 진달래

사월에는 영산홍

오월에는 철쭉

조론 꽃들은

조록쿰 철 따라서

전칠바꿈 피고

* 방언 설명

시시마꿈 : 각자 따로따로
전칠바꿈 : 돌아가며 차례차례
가새 : 가 또는 옆
새미 : 샘
쪽도리 : 채송화

곽상용

고위 관료, 기업 임원,
이제는 2만 평 정원을 가꾸는 농부

30~40년 도시 생활,
뇌를 너무 혹사시켰다는 생각이 들었다.
어느 순간 부모님과 함께 흙을 만졌던
그때가 그리워졌고.

EIDER

서울대 경제학과를 나와 행정고시를 했고 재경부와 청와대에서 근무를 했다. 말하자면 잘 나가는 경제 관료였다. 하지만 2002년 돌연 19년의 공직 생활을 그만두고 민간기업인 삼성으로 자리를 옮겼다. 그리고 그곳에서 핵심적인 일을 하며 11년 임원 생활을 했다. 그러다 2013년 겨울, 삼성생명 부사장을 끝으로 삼성을 떠나 '귀농'했다.

지금 경기도 양평에서 '봄파머스가든'이라는 이름으로 유기농 농사를 짓고 있다. 또 레스토랑과 갤러리 그리고 작은 채플(chapel)과 공연 공간이 있는 정원을 가꾸고 있다. 잘 가꾸어진 꽃과 식물들이 벚나무 길과 야생화, 또 그 바로 옆으로 흐르는 한강과 잘 어울리는 멋있는 정원이다.

편한 작업복 차림의 그와 함께 정원을 둘러봤다. 그리고 무엇이 그를 이리로 이끌었는지 물었다. 정원 안의 멋있는 레스토랑, 그 테라스에서였다. 대담 자체가 '힐링'이고 휴식이었다. 독자들에게 그 모두를 나누어 줄 수 없는 것이 유감이다.

그림, 음악, 기도가 있는 정원

—

김병준 정원이 멋있습니다. 넓이가 얼마나 되나요?

곽상용 모두 2만 평 정도 됩니다. 일부는 농사를 지어요.

김병준 직접 가꾼 건가요?

곽상용 직장 생활을 하며 조경을 하기 시작했습니다. 회사에 나가야 하니 조경회사에 맡길 수밖에 없었는데 사직하고 와 보니 문제가 많았습니다. 심어 놓은 나무들이 죽고 그랬어요. 할 수 없이 그때부터 배워가며 직접 심고 가꾸고 있습니다.

김병준 지금도 계속 손을 보고 있는 것 같습니다.

곽상용 귀농하고 나서 바뀐 게 있습니다. 일종의 느린 삶이랄까, 올해 이만큼, 내년에 저만큼 합니다. 하나가 잘 자라는 것을 보며 다른 것을 심고, 한 곳이 잘 어우러지는 것을 보며 다른 곳을 손봅니다. 뭐든 한꺼번에, 또 한 번에 다 마치려 하지 않습니다. 그래서 이 정원은 늘 새롭습니다.

김병준 느린 삶? 오랜만에 들어보는 말입니다.

곽상용 (바로 앞의 배초향 꽃 등을 가리키며) 여기도 작년 봄에 손봤습니다. 저 꽃들 보세요. 제대로 된 흙을 넣은 다음, 다른 데서 자라는 것 몇 개 뽑아서 옮겼는데 저렇게 번졌습니다. 기가 막히지 않나요.

김병준 정원 한가운데의 벚나무 길이 참 좋습니다. 그리고 그 길이 끝나는 곳에 바로 한강이 흐르네요.

곽상용 사실 이 벚나무들을 보고 '여기다'라고 생각했습니다. 하지만 처음부터 이런 모습은 아니었어요. 가시넝쿨과 잡목들이 우거져 있었고 그 속에서 벚나무들도 빛을 잃고 있었습니다. 아내가 이 옆의 땅을 조금 가지고 있었는데, 그 땅 역시 거의 버려두듯 한 땅이었어요. 그러다 농사짓고 싶은 마음이 커지면서 와 보게 되었고, 그때 이 나무들을 보게 되었습니다.

김병준 예사롭지 않은 나무들입니다. 생긴 모양도 재미있고, 벚나무치고는 키가 엄청나게 크네요.

곽상용 (활짝 웃는 표정으로) 65년 전에 동네 분이 용돈 벌이 삼아 어린 묘목들을 마구잡이로 땅에 꽂았던 모양입니다. 그 뒤 반듯하게 자란 놈은 팔려나가고 구부러지고 못난 놈들만 남게 되었는데, 너무 촘촘히 심은 탓에 남아 있는 놈들이 옆으로 자라지 못한 것이죠. 그래서 햇빛을 좇아 위로만 올라가다 보니 저렇게 된 것이죠.

김병준 세상일이라는 게 참 재미있습니다. 그때 팔리지 않은 녀석들이 이렇게 멋있네요. 꽃도 저 위쪽에서 피나요?

곽상용 그렇습니다. 정말 볼만하죠.

김병준 정원 안에 갤러리도 있고 작은 채플, 즉 예배당도 있습니다. 갤러리는 그렇다 치고 어떻게 채플이 있나요?

곽상용 기독교만을 위한 공간은 아닙니다. 불교를 포함해 어떤 종교든 기도를 하거나 묵상을 할 수 있습니다. 처음부터 그러려고 한 것은 아닙니다. 그저 마음 편히 식사하고 차 마시고, 그러면서 정원을 즐기게 하고 싶었어요. 그러다 어느 순간 채플과 그 안에서의 기도가 정원의 한 부분이 될 수 있다는 생각이 들었어요.

김병준 갤러리도요?

곽상용 역시 정원의 한 부분입니다. 늘 그림이 있고, 때로 그 앞에서 작은 음악회도 합니다. 이 모두가 소박하게 어우러지면서 정원이 됩니다.

김병준 어떤 작품을 주로 전시하나요? 그리고 음악회는?

곽상용 주로 잘 알려진 중견 작가들의 작품을 전시해 왔어요. 구상 비구상, 또 때로는 문인화 등 다양한 내용이었고요. 앞으로 달라질 수는 있겠습니다만 지금까지는 대관료를 받지 않았습니다. 오프닝 비용도 우리가 부담해 드렸고요. 내년부터는 젊은 작가들에게 더 많은 기회를 줄까 생각하고도 있습니다. 그리고 음악회는 계절에 맞춰 오페라 갈라 콘서트 같은 걸 합니다. 때로 젊은 현악 연주자들을 초청해서 듣기도 하고요.

김병준 건물들이 단순하고 소박하죠. 누가 설계했나요?

곽상용 농사짓던 사람들이 밥을 먹던 허름한 집이 하나 있었어요. 일종의 농막 같은 것이었죠. 그걸 건축가 최시영 선생 등과 머리를 맞대며 고쳤습니다. 그게 바로 이 레스토랑입니다. 평수도 모양도 예전과 큰 차이가 없어요. 갤러리와 채플은 기본적으로 나와 주변 식구들의 구상입니다. 배가 한 척 하늘하늘 떠 있는 단순함을 생각했습니다. 그래야 그 안의 그림이 살고, 자연과도 조화될 수 있다고 생각했어요.

제2, 제3의 삶

김병준 한때 잘 나가는 경제 관료였습니다. 좋은 대학 나와서 행정고시를 했고, 경제부처와 청와대에 근무했습니다. 국장 때 그만두셨는데, 그대로 갔으면 차관 장관도 될 수 있었는데요. 그런데 그만두고 삼성으로 갔습니다.

곽상용 시골 출신이라 그런지 무조건 공무원이 되어야 한다고 생각했습니다. 그래서 그렇게 되었습니다. 그런데 국가가 보내줘 2년간 미국서 공부하게 되었는데, 그때 생각이 좀 달라졌어요. 이제 국가가 민간을 끌고 가는 시대가 끝났다는 생각이 들었어요.

김병준 바로 그만두지는 못했을 것 같아요. 국비 유학을 했으니 의무적으로 근무해야 하는 기간도 있었을 것이고요.

곽상용 귀국 후 금융기관과 대기업들 구조 조정하는 일을 했습니다. 이어 청와대 경제수석실 행정관으로 있으면서 부실기업 매각하는 일 등을 했습니다. 그러면서 그만둔다는 생각이 더 굳어졌어요.

김병준 공무원이 체질에 맞지 않은 것은 아니었고요?

곽상용 (웃음) 아니었습니다. 못 버텨서 나온 것은 더욱 아닙니다. 공무원 이외의 다른 의미 있는 삶도 있을 수 있다고 생각한 것입니다. 혼자만 하고 싶은 것을 하는 것이 미안하기는 했습니다. 하지만 나 말고도 정부에 남을 훌륭한 동기들도 많은 것 같았습니다.

김병준 왜 삼성으로 갔나요?

곽상용 처음에는 외국계 회사를 생각했습니다. 그런데 우연히 삼성 분들을 만나 구조 조정이나 기업합병 등의 일을 하고 싶다고 했더니 자기네 그룹 구조조정본부도 그런 일을 한다고…. 그래서 그렇게 되었습니다.

김병준 삼성의 머리 부분이죠. 어떠했나요? 할 만했습니까?

곽상용 11년 동안 많이 배웠습니다. 회장 비서실에서 회장을 모시기도 했고, 다른 중요한 일도 많이 했습니다. 다만 스트레스가 대단했습니다. 재경부와 청와대에 있으면서도 스트레스를 많이 받았는데 그보다 훨씬 더했어요.

김병준 당연히 공직사회보다야 스트레스가 심했겠지요. 그야말로 매일 죽고 사는 시장경쟁이 있는 곳이니까.

곽상용 단순히 그렇지가 않은 게 재경부와 청와대는 그냥 공직이 아니지 않습니까. 만 19년 공직 생활에 여름휴가를 온전히 가 본 적이 없었습니다. 아침 시간에는 장관 등 윗분들이 밖으로 나가 있어 회의도 제대로 못합니다. 그래서 조금 느슨하죠. 하지만 오후가 되면 상황이 달라집니다. 툭하면 새벽 2~3시 귀가에 주말도 없었습니다. 스트레스가 이만저만이 아니었어요.

김병준 삼성이 그보다 더했다는 말이죠?

곽상용 시간을 훨씬 더 효율적으로 활용합니다. CEO부터 신입사원까지 한꺼번에 모여 처리하고 쉴 때는 쉽니다. 하지만 정신적 스트레스는 대단합니다. 한동안 늑대 굴 피해서 호랑이 굴로 왔다는 생각이 들었습니다.

김병준 처우는 좋았을 것 아닙니까?

곽상용 귀농을 해 보니 나는 일당 7만 원도 안 되는 사람이었습니다. 예초기를 제대로 돌릴 줄을 아나, 낫질을 제대로 하나. 그런 나를 잘못 보고 이건희 회장께서 뭔가 과하게 주셨나 봐요. (웃음)

김병준 농사짓고 정원 가꾸겠다는 생각은 언제부터 했나요?

곽상용 30~40년 도시 생활을 하고 나니 뇌를 너무 혹사시켰다는 생각이 들었어요. 가끔 음악회도 가고, 클래식을 틀어놓고 잠을 자기도 했지만 한계가 있었습니다. 어느 순간 부모님과 함께 흙을 만졌던 그때가 그리워졌습니다. 그게 행복이었다는 생각이 들었어요.

김병준 그래도 쉽게 결정할 수 있는 일이 아닙니다. 도시에 있으면 비싼 사람인데, 말한 것처럼 농촌에 오면 일당 7만 원짜리도 안 될 수 있습니다.

곽상용 부사장 승진 이후 깊이 고민했어요. 사장이 되기 위해 죽으라고 더 뛸 것인가, 아니면 여기서 멈출 것인가? 여기까지란 생각이 들었습니다. 사장은 나보다 더 하고 싶은 사람도 많은 것 같았습니다. 늘 자신 있던 건강에도 이상이 생겼어요. 혈압이 엄청 올라갔고 혈당도 이상해졌어요. 더 무리하면 나도 회사도 불행해질 것 같았습니다.

김병준 그래서 결국 땅을 보러 다니게 된 거군요?

곽상용 처음에는 해외에 나갈까 했습니다. 고대사에 관심도 있고 해서 연변이나 백두산 쪽 광활한 땅에서 유기농 농사를 하고 싶었습니다. 실제로 생태 전공하는 교수들과 이쪽을 탐방하기도 했습니다.

김병준 고향으로 간다는 생각은 안 했나요?

곽상용 고등학교를 졸업한 뒤 떠났기 때문에 연고가 없어졌습니다. 오히려 해외로 나가느냐 연고가 있는 서울 근처로 가느냐를 두고 고민했습니다. 그러던 중 건축가 최시영 선생이 '도시농부'라는 테마로 양평에서 이런 일을 하면 어떻겠느냐 했어요. 그래서 여기를 와 보게 되었고, 앞서 이야기한 것처럼 저 벚나무들을 보게 된 것이죠.

김병준 이제 스트레스가 없어졌나요?

곽상용 누가 요즘 어떠냐고 물으면 "머리 안 쓰고 몸 쓰니까 행복하다"고 말합니다. 농사가 머리를 안 쓰는 건 아니지만 스트레스는 안 받아요. 잡초 뽑아 보세요. 한참 뽑고 있으면 근심 걱정이 다 사라집니다.

김병준 건강은 좀 어떠세요?

곽상용 좋아졌습니다. 하루 최소한 2만 보를 걸어요. "모종삽 안 가져 왔네" 하고 돌아가기도 하고, 이것저것 가져오라 하면 가져가기도 해야 합니다. 팔, 다리가 다 강해졌어요.

금융 역사 한쪽도 여기에

—

김병준 동네 분들과 잘 지내나요?

곽상용 불편한 게 왜 없겠습니까. 꽃만 심고 있어도 농사 안 짓고 꽃 심는다고 군청에 신고하곤 했지요. 오히려 군청에서 너무 그러지 말라고 말해 줄 정도였습니다. 지금은 좋습니다. 내 의사와 관계없이 동네 사람들이 동네 협동조합의 이사로 선임해 주기도 했습니다.

김병준 무슨 조합인가요?

곽상용 마을 공동으로 산나물과 약초를 재배하고, 옛날에 산적들이 살았다는 산중마을 근처를 '둘레길'처럼 가꾸는 일을 하는 조합입니다.

김병준 잘 지내기 위한 노력을 많이 한 모양입니다.

곽상용 다른 것 없습니다. 진정성을 보이면 됩니다. 부동산 투기하러 온 것이 아니라 정말 어울려 살고 싶어 온 것을 보여주면 됩니다. 내 스스로 찾아가 형님 동생 했어요. 술 한잔 하고 흐트러지는 모습도 보여줬고요.

김병준 이제 이 정원이 꽤 알려진 것 같습니다.

곽상용 한번은 드라마의 로케이션 장소로 쓰겠다고 제안을 해 왔는데 거절을 했습니다. 나중에 그게 중국에서까지 크게 흥행한 걸 보고 잘못했나 했어요. 하지만 금방 큰일 날 뻔했다는 생각이 들었습니다. 아직은 관광객을 받아들일 준비가 안 되어 있기 때문이었죠.

자칫 정원에 무리가 갈 수 있습니다.

김병준 그냥 이 정도가 좋다?

곽상용 예. 지금 바로는…. 앞으로도 늘 새롭게 가꿀 것입니다. 농사도 계속 지을 것이고요. 할아버지 할머니 엄마 아빠, 그리고 아이들 3대가 같이 찾아 쉬는 정원과 휴식 공간으로 만들고 싶습니다. 그리고 문화와 소득, 여유가 있는 농촌을 만드는 일을 같이할 것입니다.*

* 2020년 이후 봄파머스가든은 JTBC 드라마 〈부부의 세계〉 등 로케이션 장소로 활용되고 있다. 그만한 준비가 되었다는 뜻으로 보인다.

김병준 끝으로 금융위원회 표지석을 여기로 옮겨 놓았다는 기사를 보았습니다.

곽상용 프레스센터에 세 들어 있던 금융위원회가 정부 서울청사로 옮기면서 표지석이 필요 없게 됐습니다. 그런데 국가기록원이 이를 접수해서 보관해 줄 수 없다고 했다고 합니다. 결국 깨서 버려야 하는데, 금융 역사의 한 부분이자 대가들이 만든 그 귀한 것을 그럴 수 있나요. 이를 안타깝게 생각한 김석동 전 금융위원회 위원장이 여기로 옮겨다 놓았지요. 땅을 가진 후배라 편안하게 생각한 모양입니다.

김병준 어디에 있나요?

곽상용 햇볕 잘 드는 곳, 동쪽을 보도록 놓아두었습니다. 두 달만 보관하자고 하더니 지금은 언제 찾아갈지 모르는 상황이 된 것 같습니다.

김병준 나가면서 한 번 보고 가야겠네요. 감사합니다.

조영남

노래보다 그림 그리기가 더 좋아진
'아웃사이더' 가수

나는
숙명적으로
아웃사이더다.

황해도에서 태어나 1·4후퇴 때 가족을 따라 남쪽으로 내려왔다. 서울대 성악과를 중퇴했고, 미국 플로리다의 트리니티 신학교를 졸업했다. 서울대 재학시절 번안가요 〈딜라일라〉를 불러 히트 한 것을 시작으로 연예계 생활을 했고 영화 방송 등에서 큰 성공을 거두었다.

그러나 연예계에서의 이러한 성공은 그의 진면목을 오히려 가려왔다. 그는 가수 이전에 우리의 문학과 종교 그리고 삶에서의 길을 찾는 구도자이고, 그가 찾은 길의 일부를 말과 글, 그리고 행동으로 내어 놓는 자유 지성이다. 실제로 그가 쓴 《예수의 샅바를 잡다》《이상은 이상 이상이었다》《현대인도 못 알아먹는 현대미술》 등의 저술은 해당 분야의 어떤 전문가도 쉽게 도달하지 못하는 수준에 이르고 있다. 이 글을 통해 그의 노래와 그림, 그리고 자유로운 인생에 대한 새로운 해석이 있었으면 한다.

이 〈대담〉은 이 책에 실린 다른 〈대담〉과 달리 바로 신문에 실리지 못했다. 인터뷰 직후 그의 그림에 대한 소위 '대작시비'가 일어났기 때문이다. 결국 무죄판결을 받은 사건이지만, 당시로서는 어쩔 수가 없었다. 그때 게재하지 못한 점, 이 글을 통해 사과드린다. 대신, 신문과 달리 지면제한 없는 만큼 보다 자세하게 정리하였다.

그림, 그 시작

—

김병준 그림 인기가 꽤 높습니다. 바로 이 이야기부터 할까요?

조영남 아무 거나, 여자 이야기도 좋고…. (다 같이 웃음)

김병준 우선, 작업을 주로 어디서 하나요. 여기 이 집에서 하나요?

조영남 스튜디오 하나가 있었어요. 여기서 차로 15분 거리에. 3개월 정도 리모델링해서 멋있게 꾸몄었죠. 냉장고는 물론 침대까지 들여 놓았었는데, 그러고는 몇 년 동안 몇 번 가지도 않았어요. 그림도 거기서 그린 적이 없고. 결국 창고로 쓰다 팔아버렸어요. 어디 특별한 곳 가서 자세 가다듬고 그리는 체질이 아닌 것 같아. 그냥 집에서 자다 일어나서….

김병준 (창 너머의 한강을 보며) 경치가 너무 좋네요. 그림을 그리든 뭘 하든 이 보다 더 좋은 데가 있을까? 지금도 작업 중이셨나 보네요.

조영남 할 일이 없으니까. 예쁜 여자들이 데이트 해 주면 그리 쫓아 갈 텐데, 그런 게 없어. 다들 아침에는 바쁘다고 하고. 저녁에는 일찍 집에 가야된다고 하고, 그러니 혼자 뭐해. 시간 있는 대로 그리는 거지. 남들이 낚시·등산·바둑 하는 것처럼 재미있고 시간 있으니까 그리는 거지. 그냥 그리고 싶을 때.

김병준 작품을 엄청 많이 하셨죠. 그동안 전시한 것도 그렇고, 이렇게 집 안에 쌓인 것도 그렇고.

조영남 갤러리 하는 사람들이 놀래… 이렇게 많이 그렸냐고. 젊었을 때 이중섭 김환기 같은 분들 작품 전시회를 가면 '그림이 너무 적다'라는 기분을 느끼곤 했어요. 모으기가 힘들어서 그랬겠지만 아래 위층을 다 채우지 못하더라고. 그때마다 내가 그림을 그리면 여러 가지 주제로 좀 많이 그려서 많은 사람들이 신나게 볼 수 있게 해야겠다고 생각하곤 했어요.

김병준 어렸을 때부터 그렸다면서요?

조영남 초등학교 때부터 했죠. 고등학교 때는 밴드부에서 나팔 불면서 미술반장을 했어요. 어려서부터 미술과 음악을 동시에 한 거죠. 반장은 음악반장이 아니라 미술반장을 했고.

김병준 대학에서는 음악을 전공했잖아요?

조영남 그랬죠. 그러다 군대를 갔는데, 그때 〈아침이슬〉을 만든 김민기가 TV에 나와 노래를 하더라고. 그런데 이게 심상치 않아. 그래서 외출 때 만나봤고, 이후 시간만 나면 만났어요. 당시 이 친구는 서울미대 회화과 2학년, 그러니 이런 저런 그림을 그리곤 했는데, 한번은 그 그림 하나를 보며 한 마디 했죠. "야, 이런 건 발가락으로 그려도 그리겠다." 그러자 "하하" 웃던 김민기가 하는 말, "그래, 형님이 그림을 그리셔야 해." 그때 퍼뜩 뭐가 지나가더라고. '맞다. 그림을 그려야지….'

김병준 그래서 다시 미술반장 시절로?

조영남 그때부터 부대에서 나오기만 하면 여자 친구 집에 가서, 음악전공인 나는 하루 종일 그림 그리고, 미술전공인 김민기는 기타치고, 그 짓 하다가 나는 지금 화가입네 하고, 김민기는 뮤지컬 쪽에 일하고.

김병준 (웃음) 묘하네요. 김민기 씨는 지금 그림 안 그리죠?

조영남 안하죠. 그 친구가 했어야 했는데.

김병준 그림 괜찮았습니까?

조영남 아. 천재지 천재. 졸업 작품으로 뭘 했냐? 호적초본을 떼서 딱 붙였어. 얼마나 탁월해. 미술 이론으로 보면 굉장히 앞서 간 거지. 아니, 너무 앞서 갔다고 하는 게 맞겠지. 내가 교수였으면 에이플러스(A⁺)를 줬을 거야. 당연히 크게 키웠을 거고. 그런데 모두들 이런 천재를 못 알아봤어.

김병준 다행이네요. 어려서부터 미술에 묶였다면 음악 천재 김민기를 잃을 뻔 했어. 한 시대를 흔든 그의 음악들도 말이죠.

왜 화투인가?

—

김병준 어떤 것부터 그리기 시작했나요?

조영남 초가집. 그리고 청계천도 그렸어요. 지금도 그때 그 그림들이 있어,

저 구석에. 그리고 시간이 가면서 태극기, 악보, 화투 등을 그렸죠.

김병준 그래도 조영남하면 화투그림인데, 이건 언제부터 그렸나요?

조영남 젊은 시절, 미국 플로리다 가서 살 때인데, 한국 사람들이 모이면 화투를 치더라고요. 이거 원래 일본 놀이인데, 일본에서는 거의 사라졌잖아. 그런데 우리는 우리 나름의 창의적인 규칙을 만들어가며 끝없이 즐겨. 그만큼 재미있고 오묘하다는 거지. 뭐가 나올지, 또 어떻게 될지 모르는 미스터리에, 정석도 없고 말이죠. 어찌 보면 우리네 인생 같기도 하고. 그래서 그림 그리기 시작했는데, 그러다 보니 어느새 화투그림 화가가 되었어요.

김병준 화투그림 말인데, 팝아트적인 요소가 강한 것 같아요.

조영남 화투를 소재를 삼았다는 것 자체가 '팝'이죠. 대중적 소재로 대중에게 노래하듯 그림을 그려요. 내용도 양도 그런 맥락을 따라 가고요. 그야말로 정통 '팝' 아트죠.

김병준 붉은 색을 많이 쓰시는 것 같아요. 그래서 때로 무속적인 냄새가 조금 나기도 하고.

조영남 그렇죠. 바로 거기, 오방색에 매료된 거죠. 우리는 생태적으로 좋아하는 색깔에 끌려가게 되어 있어요. 시골 사셨던 분들은 보셨을 거예요. 상여 나갈 때, 그 오방색의 화려함, 그게 내 눈에 들어와 있고, 그 색깔이 내 화투 그림을 다 카버하고 있어요. 한국적인, 그리고 토속적인 아름다움이죠.

프로와 아마추어

—

김병준 미대를 안 다니셨으니까 제도권의 교육과 훈련은 안 받았다고 할 수 있겠네요.

조영남 백 퍼센트 독학, 혼자서 했어요.

김병준 유명 화가들 중에 독학이 많죠. 돈으로 이야기해서 뭣 하지만 가장 비싸게 팔리는 작품의 화가, 고 박수근 화백만 해도 그렇고.

조영남 미술은 음악과 달라요. 음악은 일정한 기술이 필요해요. 피아노 칠 때 도레미, 따따따따 어쩌고 하는 법칙이 있거든. 이걸 배워야 해. 그런데 미술은 그게 없어. 어떤 선생들은 마치 규칙이 있는 것처럼 가르치곤 하는데, 이게 잘못 된 거야. 아까 이야기했잖아요. 김민기가 호적초본 갖다 붙인 거. 이거 최고의 작품이야. 아, 호적초본이 얼마나 중요해. 그걸 떼어 가지고 '내 작품이다' 하며 딱 붙였으니까. 이게 최고인 거지. 현대미술의 창시자 마르셀 뒤샹(Marcel Duchamp)의 남자 소변기 떼다 놓은 작품은 어때요. 여기에 무슨 규칙이 있어.

김병준 규칙이 없으니 아무나 할 수 있다?

조영남 그렇죠. 안 해서 그렇지.

김병준 전통적인 화단에서는 좀 다르게 이야기하겠죠. 반드시 따라야 할 규칙도 있고, 배우지 않으면 안 되는 기술도 있다는 식으로 말이죠.

조영남 그러니 나는 숙명적으로 아웃사이더예요. 제일 좋아하는 책도 콜린 윌슨(Colin Wilson)의 《Outsider》이고.

김병준 아웃사이더? 말썽쟁이일수도 있지만 자유와 혁명, 그리고 창조 등의 상징일 수도 있죠. 콜린 윌슨의 말대로 '다들 환자인 세상에서 자신이 환자임을 아는 유일한 사람'일 수도 있고.

조영남 뭘 그렇게까지나.

김병준 어쨌든 스스로 화가라 생각하시죠.

조영남 그림을 그리니 화가지. 그러나 너무 따지지 말자 이거예요. 낚시 좋아하는 사람 낚시 가고, 바둑 좋아하는 사람 바둑 두듯이 나는 그림이 좋아 그림을 그리는 거죠. 물론 조금은 다르겠지만…. 그런데 이렇게 이야기하면 많은 사람들이 불편해 해. 건방지다고 말할 수도 있고, 투철한 직업정신도 없는 자가 화가는 무슨 화가냐 할 수도 있어. 그러면 속으로 이렇게 말하는 거지. '좋다. 나를 화가라 하지 않아도 좋다.'

김병준 실제로 그냥 좋아서 그리는 거죠?

조영남 그럼. 좋아서 그리는 거예요. 사실, 음악을 하면서 스트레스를 많이 받아요. 음악은 즐겨야 하는데, 또 그러고 싶어서 음악을 하는데, 이게 생업이 되고 돈벌이 수단이 되다보니 그렇게 되지를 않아. 오히려 스트레스가 돼요.

김병준 그래서 이건 스트레스 해소용으로?

조영남 그렇죠. 음악은 돈벌이로 하고. 그림은 재미로 하고… 그런 점에서 그림에 있어서는 계속 아마추어로 남고 싶어요. 생업이 되거나 돈벌이의 수단이 되지 않았으면 하는 거죠. 그래야 팔리지 않아도 스트레스를 안 받지.

배석자 1 그런데 이렇게 재미로, 취미로 그린 그림이 팔리잖아요. 사는 분들은 왜 살까요? 유명한 가수의 그림이라서? 아니면 그림 자체가 좋아서?

조영남 반반쯤 되지 않을까? 이름 때문에 사는 것 반. 좋아서 사는 것 반.

김병준 누구에게든 그냥 주게는 안 되죠?

조영남 안 주는 것을 기본으로 해요. 언젠가 김세환한테 한 점 줄 일이 있어 주었는데, 이걸 안 윤형주가 어느 방송에서 자기한테는 왜 안 주느냐고 했어요. 그 까탈스러운 윤형주가 말이죠. '이야, 내 그림 탐내는 사람들이 많구나.' '내가 그림으로 유명하게 되었구나.' 기분이 좋았어요. 하지만 누구에게든 쉽게 주고 싶지는 않아. 주는 게 어쭙잖은 것 같기도 하고… 왜 그런지 나도 모르겠어. 누군가 그러겠지, 저렇게 쌓아 놓고 뭐 할 거냐고. '아이 돈 노우(I don't know), 내가 죽으면 내 자식들이 어떻게 하겠지.'

노래, 시(詩), 신(神), 철학

—

김병준 가수 생활, 몇 년쯤 되셨죠?

조영남 〈딜라일라〉 부를 때가 스물일곱이었던 것 같은데… 군 제대하고 미8군에 취직해서 〈딜라일라〉 불러 히트쳤죠. 그때까지만 해도 가수된다는 생각은 없었어. 생긴 게 이래가지고 어째 연예인이 되겠나 했지. 그래도 노래 하나는 제법 했지. 그러다 보니…

김병준 두꺼운 뿔테 안경 쓰고 그랬었지요? 듣는 우리도 신이 났었어요. 그 뒤로도 번안곡을 많이 하셨지요?

조영남 그때는 작곡이나 편곡 잘하는 사람들이 많지 않았어요. 그래서 가수가 직접 번안, 즉 외국 곡을 고쳐 우리말로 바꿔 부르곤 했는데, 나·송창식·윤형주 등이 이 분야의 대가였어. 〈최진사댁 셋째 딸〉은 알 윌슨의 〈스네이크(snake)〉, 〈내 고향 충청도〉는 올리비아 뉴튼 존의 〈뱅크스 오브 드 오하이오(Banks of the Ohio)〉, 이런 곡들을 번안해서 불렀어요.

김병준 입에 발린 소리가 아니라 실제로 오리지널보다 훨씬 좋았어요. 그리고 이런 번안곡 말고도 크게 히트한 곡이 있죠? 〈화개장터〉 같은 것?

조영남 아, 그거, 나하고 국회의원 하던 김한길이 만들었어요. 김한길보고 네가 가사 쓰라. 내가 곡 만들게, 이렇게 한 거지. 〈사랑 없인 못

살아〉도 그렇게 한 거고. 물론 그 친구 출세하기 전에.

김병준 둘은 어떤 인연으로?

조영남 둘 다 이혼하고, 미국 단칸방에서 6개월 같이 살았어요. 그 친구나 나나 '개털' 인생 최악의 시절이었어. 그러다 귀국했는데 이 친구, 방송한다 어쩐다, 정치한다 어쩐다 하더니 어느새 국회의원이 되데. 기획력이 뛰어나 내가 이 시대의 한명회라 했거든. 그런데 정말 순식간에 출세하더구먼. 장관도 되고.

김병준 어쨌든 두 분이 그 어려웠던 시절에 합작해서 히트곡을 내었네요.

조영남 그런데 그때는 저작권 같은 게 불분명했어요. 그래서 내가 다 먹었어. 지금도 최명길하고 잘 살아서 다행이지. 잘 살지 못하면 저작권료 내 놓으라고 할 것 아냐. 그러면 법이 그래, 꼼짝없이 물어내야 돼. 앞으로도 이들 부부가 계속 잘 살길 기도해야 해. (참석자 일동 웃음)

김병준 자기 노래 두 곡, 아니 사실상 〈화개장터〉 하나로 이렇게 성공할 수 있을까요? 노래 이외의 다른 무엇이 있는 거죠. 사실, 가수 말고 다른 활동도 많이 하셨잖아요. 영화도 하고 방송사회도 보고….

조영남 이것도 일종의 통섭이라 할 수 있어요. 이것저것 많이 했거든. 영화도 서너 편 했죠. 남정임하고 한 〈내 생애 단 한 번만이라도〉, 그리고 〈푸른 사과〉 등. 또 수년 간 MBC에서 〈지금은 라디오시대〉 라디오 진행도 하고….

김병준 이렇게 다양한 활동을 한 가수들이 있던가요?

조영남 별로 없을 거예요. 세계적으로도 많지 않아. 원래 가난뱅이 화가였던 배우 엔소니 퀸이 그림을 좀 그린 정도… 특히 가수 직업을 가지고 미술을 하는 사람은 내가 유일하지 않을까. 세계적으로….

김병준 이렇게 일인 다역을 하면서 공부는 언제 하죠? 그동안 쓰신 책들을 보면 공부를 보통 한 게 아닌데… 제목만 봐도 그렇잖아요. 《예수의 샅바를 잡다》《이상은 이상 이상이었다》《현대인도 못 알아먹는 현대미술 》등. 엄청난 주제들을 다룬 거죠. 제대로 된 책 한 권 못 내고 정년퇴직하는 교수들이 수두룩한 판에, 이걸 도대체 어떻게 해석해야 할지 모르겠어요.

조영남 공부를 제일 많이 한 거는 《예수의 샅바를 잡다》예요. 미국서 신학교 다닐 때인데, 신학의 흐름을 다 이해해야 하니까 정말 쉽지 않았어요. 그리고 이상의 시는 너무 괴상망측하고 추상적이니까 이를 제대로 해설하는 사람이 별로 없었어요. 엉뚱한 생각이라 하겠지만 젊었을 때부터 이를 해석할 사람은 나밖에 없다고 생각했어요. 그러면서 이걸 해석해 내는 게 하나의 꿈이 되어 갔고.

김병준 《이상은 이상 이상이었다》를 우선 가볍게 한 번 읽었는데, 정말 대단한 내용인 것 같아요. 2010년 출판인데, 집필에 얼마나 걸렸죠?

조영남 집필에만 3년. 노래하고 방송하며 썼으니 무리가 갔죠. 결국 병원으로 실려갔고.

김병준 그리고 2000년 출판된 《예수의 샅바를 잡다》, 이 책 쓰기 전 미국

신학대학에 갔었죠? 가수 하지 않을 생각까지 하고 간 것 아닌가요? 혹시 성직자가 되고 싶었던 건가요?

조영남 그것까지는 아니고, 우리 엄마 아빠네 집안이 왜 기독교를 믿게 되었나, 그걸 알려고 신학대학 들어가 공부했는데, 하다 보니 점점 더 깊이 빠지게 되었죠. 그리고는 내 나름 결론을 얻었고, 그걸 책으로 썼어요.

김병준 그 결론은?

조영남 꼭 크리스찬일 필요 없다. 부처님의 가르침도 똑 같으니까… 말하자면 범종교적 인식을 하게 된 거죠.

김병준 기독교를 공부하다 오히려 종교적 코스모폴리탄이 되었네요.

조영남 코스모폴리탄이라기보다 오히려 아나키스트, 말하자면 종교적 무정부주의자가 된 거죠.

김병준 종교적으로는 아나키스트, 현실에 있어서는 아웃사이더. 참 곤란한 분이네요. (웃음) 그리고 온갖 학문이나 기존 논리에 다 도전하고… 그것도 너무나 단순한 이유로 말이죠. 이를테면 어머니가 왜 기독교를 믿게 되었는지를 알고 싶어 신학교에 가는 식으로.

조영남 아니, 몇 가지 안 돼요. 중요한 것은 이상 시를 해석한 건데, 지금 생각해 보면 이것도 별 것 아니라는 생각이 들기도 하고.

김병준 그렇게 말씀하시니 하나 꼭 물어볼 게 있어요. "나철은 단군 세우다 말았고, 이상은 시를 쓰다 말았고, 조영남은 노래를 부르다가 말았다"는 대목이 있는데 이게 무슨 뜻이죠?

조영남 나철은 단군을 모시는 대종교를 주장하다 자살했죠. 불쌍한 사람, 사실은 예수 비슷한 사람이었는데…. 그래서 내가 제일 위에 놓는 사람인데, 지금 사람들이 잘 모르잖아요. 이상도 일찍 죽어 버렸죠. 완성이란 게 있을 수 없는 일이지만, 결국 자기 시를 완성하지 못했지. 사람들은 그 시가 무슨 뜻인지도 잘 알아먹지도 못하고. 조영남, 그도 이러고 말겠지. 이들보다 오래 살지만 결국 노래 부르다 마는 거지.

김병준 나철도 이상도 완성을 이루지 못하는 삶, 그렇다면?

조영남 심각할 것 없다는 거예요. 이렇게 모여 밥 먹고 오순도순 이야기하는 게 얼마나 중요한 건지. 그것이 내가 주장하는 최고의 팩트! 이게 행복이지. 누구든 고민 많이 하는 사람들한테 그래. "야, 야, 죽을 일 아니야. 다 그렇게 사는 거야. 네가 살아 있는 게 최고야. 너는 위대해, 조영남보다 훨씬 위대해."

김병준 그 길고 복잡한 인생여정을 통해 얻은 조영남의 철학, 이렇게 되나?

조영남 여정은 내 전처 이름이 여정이지. 이름 좋죠?

훌륭한 전처 윤여정

—

김병준 종교에서 뿐만 아니라 모든 것에서 아나키스트적인 기질이 있으신 것 같아요. 그냥 모든 것에서 자유롭고 싶은 거죠?

조영남 그렇죠.

김병준 그러다 결국 이혼 당하신 거고?

조영남 윤여정하고 20년을 같이 했어요. 결혼하기 전 6~7년을 포함해서 말이죠. 한 20년 되니까 한계가 오데요. 젊은 여자들이 정말 참을 수 없을 만큼 예쁘더라고. 그러다 결국 잡힌 거지. 이혼도 당하고.

김병준 상당히 미안해하는 것 같아 보이네요.

조영남 그럼. 아주 많이 그렇죠. 내 자유로움이 윤여정을 자유롭지 못하게, 또 불편하게 했잖아요. 아이들이 초등학교 중학교 다닐 때 헤어졌으니까 그게 너무 미안해요.

김병준 어떻게 보면 결혼을 하지 말았어야 하는 것 아닌가요.

조영남 허, 점쟁이 같은 이야기… 어쨌든 미안한 마음을 가지고 살아요. 이런 마음을 제대로 전하고 싶은데 받아줄 것 같지가 않아. 윤여정 성격을 아니까 찾아가기도 어려워요. 어디 다니면서 내 잘못을 이야기하거나 흉을 보는 것도 아니야. 그게 더 어렵고 미안하게 해.

김병준 훌륭한 전처네요. 전 남편 욕도 않고 흉도 안 보는….

조영남 '훌륭한 전처' 야 그거, 책 하나 써야겠다. 제목이 너무 좋은데.

배석자2 이렇게 미안해하시는 것, 이번의 이 글로 나가면 사과를 받아 줄지도 모르죠.

조영남 No! 치사하게 왜 뒤에서 그러냐 그러겠지. 사실 찾아 갈 용기가 부족하기도 해. 자존심 문제도 없지는 않고.

김병준 그동안 살아오신 거, 행복했다 싶은 생각이 드세요?

조영남 행복 사랑 그런 단어만 있는 게 아니잖아. 그 반대도 있지. 불행 절망 슬픔 같은 것 말이요. 세상이란 게 그렇지. 이게 있으면 저것도 있어. 친구들에게 이야기해요. 행복이 50이면 불행도 50이 있을 수 있어. 내 인생도 그러지 않았을까?

김병준 하고 싶은 일들은 다 하며 사신 것 아닌가요?

조영남 재미있는 짓거리 다하며 살았다고 생각해. 〈버킷리스트〉라는 영화 있잖아요. 죽기 전에 열 가지 열한 가지 하고 싶은 것 다해 보는 내용의 영화, 그 영화 보고 나도 적어보려 했는데 별 게 없더라고. 손목시계 좋아하니까 스위스 가서 3일 동안 시계 구경이나 하고 오는 것 따위를 적어볼까 했는데, 이건 비행기 표 사기만 하면 되는 거 아냐. 버킷리스트에 올릴 이유가 없는 거지…. 사실, 딱 한 가지 올리고 싶은 게 있어. 윤여정하고 다시 친구가 되는 것, 그런데 어쩐지 좀 치사한 거 같아 말이 잘 안 나오네.

김병준 그렇게 힘들어요? 난 이혼을 안 해 봐서 잘 모르겠는데.

조영남 그것도 안 해 봤어? (웃음) 남자가 이혼도 해 보고, 파산도 해 보고, 감옥도 가 봐야 되는 거 아냐? (웃음) 난 파산도 해 봤고 이혼도 해 봤어. 하긴, 감옥은 안 가봤네.

김병준 정말, 그런 것 하나도 안 해 보고 민심을 안다고 하고, 국가를 운영하겠다고 덤볐으니… 나 말이에요. (웃음)

조영남 나라가 이 모양인 이유를 알겠네, 알겠어. (일동 모두 웃음)

김병준 어쨌든 그래도 감옥은 안 가셨으니 다행이네요.

조영남 내가 여자하고 복잡한 걸로 치면 감옥 몇 번 가고도 남아요. 그게 법으로 죄가 안 돼 그렇지.

김병준 지금은?

조영남 지금은 없어요. 그런 것.

김병준 오늘, 감사합니다. 조영남에 대해 모르는 사실도, 또 잘못 생각해 온 부분도 많다는 것을 느꼈습니다. 내공을 다시 한 번 확인하는 가운데, 조영남의 웃음, 노래, 인생, 그리고 그림의 의미를 다시 생각하게 되었고요. 이 글을 읽는 분들도 조영남이 쓴 책 한 권을 집어 읽어 주셨으면 합니다. 어떤 책이라도 말이죠. 조영남의 노래와 그림, 그게 달리 보일 겁니다. 그리고 읽는 분의 인생까지도 말이죠.

조영남 한 가지, 나에게도 안티가 많아요. 일본 관련해서 쓴 책과 이혼, 이런 것과 관련해서 더욱 그런데, 이런 게 나를 다시 움직이게 해요. 어떡해서든 안티의 수를 줄이거나 없애고 싶거든. 노래를 더 잘하거나 그림을 더 많이 그리거나 해서라도 말이죠. 그러다가 좀 변화가 생기는 걸 보면 기분이 좋아요. 재미가 쏠쏠하지. 오늘도 보세요. 천하의 김병준이 나에 대해 모르는 걸 알게 되었다고 하잖아.

안티에서 밖티로…. (웃음) 이런 재미가 어디 있어.

김병준 더 이상 하면 안 될 것 같네요. 여기서 마치겠습니다. 고맙습니다.

2016년 소위 조영남의 '대작시비'가 일었다. 작품의 일부분을 다른 사람에게 그리게 한 뒤, 이를 알리지 않은 채 판매했다는 내용이었다. 결국 몇 년 뒤 아무 죄가 없는 것으로 판명이 났지만, 당시의 여론은 몹시 차가웠다. 어느 저녁자리. 그 날도 이 일이 화제에 올랐다. 쏟아지는 비판과 비난들, 그런 중에 몇 마디 변호 아닌 변호를 했다. 그리고 그 다음 날, 그날 한 이야기를 신문에 칼럼으로 썼다. 아래의 글이 그것이다.

내가 그린 그림만이 내 그림인가?

조영남 '대작논쟁'에 관한 글, 망설이고 망설이다 결국 쓰게 되었다. 그것도 왜 망설였고, 왜 쓰게 되었는지도 쓰기로 했다. 나름 의미가 있을 것 같아서이다.

글을 망설인 큰 이유는 전문가가 아니기 때문이다. 화가가 아님은 물론 평론가도 컬렉터도 아니다. 그림을 보고 그림 이야기하는 것을 꽤 좋아하지만 '대작논쟁'에 입을 열 수 있는 입장은 아니다.

또 하나, 사건의 진상을 잘 모르기 때문이다. 뒤에서 다시 말하겠지만 그림을 제3자에게 그리게 한 행위 그 자체를 문제 삼기는 어렵다. 공장에서 만든 소변기를 작품으로 내놓은 마르셀 뒤샹 이야기는 이미 고전이다. 또 앤디 워홀이나 데미안 허스트 같은 개념미술 작가들은 자신들은 손도 대지 않은 작품들을 수억 원이나 수십억 원에 팔고 있다.

"말도 안 되는 일"이라고 펄쩍 뛰는 사람들도 있겠지만 그림과 미술은 손끝에서만 나오는 게 아니다. 손끝에서도 나오지만 머리나 가슴에서도 나온다.

내 손길이 닿지 않았다고 미술이 아니고 내 그림이 아닌 것은 아니다.

문제는 조력의 내용이다. 조영남의 경우 화투 등을 그리겠다는 생각이 남의 것이라면, 또 어떤 구도로 어떤 오브제를 써야 하겠다는 생각 등이 모두 남의 것이라면 심각한 문제이다. 그러나 그렇지 않으면 이야기는 달라질 수 있다.

실제로 그의 생각을 보기 위해 그가 쓴 책들을 읽었다. 시인 이상(李箱)을 해석한 《이상은 이상 이상이었다》, 종교적 고민을 담은 《예수의 샅바를 잡다》, 그리고 《현대인도 못 알아먹는 현대미술》 등이다. '조영남다운' 다소 튀고 엉뚱한 부분들이 있기도 하지만 결코 가볍게 넘길 수 없는 생각들이었다. 그의 그림이 그의 가슴과 머리에서 나온 그의 그림일 것이란 확신이 들었다는 말이다.

망설였던 이유는 또 있다. 100% 자신이 그린 것이라며 적극적으로 속였는지 여부도 아직은 알 수가 없다. 만일 그랬다면 '사기'가 된다. 법률 이전에 도덕적 문제이자 신뢰의 문제이기도 하다. 하지만 그러지 않았다면 이 또한 이야기가 복잡해진다.

더욱이 그의 주변 사람들이나 전시기획을 하는 사람들이 알고 있는 사실이었다면 더욱 그렇다. 적극적으로 밝히지 않은 게 잘못이지만 그렇다고 하여 의도적으로 숨기지도 않은 게 되기 때문이다. 어느 쪽일까? 이 역시 아직은 알 수 없으니 입을 함부로 열 수가 없다.

그럼에도 불구하고 이런 글이라도 쓰겠다고 마음먹은 이유가 있다. 흔히 있는 저녁자리나 술자리에서의 이야기들이 불안해서이다. "직접 그리지 않는

자가 무슨 화가야?" "내가 아는 화가는 붓 한 번 움직일 때마다 목숨 걸 듯 해. 그런 화가가 진짜 화가지."

틀린 말 아니다. 화가는 되도록 자신의 혼을 담은 칼질이나 붓질을 해야 한다. 하지만 그것만이 정상이라는 생각은 곤란하다. 집에 걸려 있는 그림 중에는 꽤 이름 있는 젊은 화가가 컴퓨터 프로그램으로 그린 것이 있다. '대작' 정도가 아니라 아예 물감을 뿜어내는 프린터기로 찍은 그림이다. 이 화가는 화가가 아니고, 이 그림은 그의 그림이 아닌가?

세상이 변하고 있다. 기술인지 예술인지 분간하기 힘든 융복합의 작품들이 나오고 있고, 사람이 작가인지 기계가 작가인지도 모를 작품들도 나올 것이다. 그리고 이러한 일들이 우리에게 무한한 상상과 창의의 세계를 가져다 줄 것이다.

국가든 사회든 '진정한 화가'와 '진정한 그림'에 대한 정형을 만들어서는 안 된다. 대작을 시키는 화가는 그런 화가대로, 그렇지 않은 화가는 그런 화가대로 좋은 평판이든 나쁜 평판이든 얻어 가면 된다. 대작이 미워, 아니면 인간 조영남이 미워 직접 그리는 그림만이 그림이라 한다면 앤디 워홀과 데미안 허스트 같은 작가는 영원히 나오지 못할 것이다.

조영남을 옹호하자는 게 아니다. 잘못은 잘못대로 따지되, 이 사건이 우리를 더 좁은 세계로 끌고 가게 해서는 안 된다는 말이다. 이번 사건이 오히려 창작의 새로운 형태를 인식하고 고민하는 계기가 되었으면 한다.

출처 : 2016. 6. 14.『이투데이』

김병조

'배추머리' 개그맨에서
《명심보감》 교수로

방송 떠나게 한 민정당 행사에서의 설화 사건…
'한 점의 불티도 능히 큰 숲을 태운다고',
그 일로 모든 게 무너졌다.
그러나 지금 생각하면 이것도 나의 스승이다.

김병조 교수와 〈대담〉을 한다고 하자 아내가 말했다.

"김병조? 예전의 그 '배추머리' 김병조? '지구를 떠나거라~' 하던…?"

그렇다고 대답했더니 바로 묻는다.

"왜?"

그래서 대답했다. 개그맨이 아니라 《명심보감》을 연구하고 강의하는 한학자로 만나는 것이라고. 그러자 아내가 말했다.

"그렇구나. 그래, 예전부터 뭔가 좀 달랐어."

1980년대 〈뽀뽀뽀〉와 〈일요일 밤의 대행진〉으로 안방을 뜨겁게 달구었던 그는 1998년 이래 조선대학교 교수(초빙교수, 특임교수)로 있다.《명심보감》 연구의 권위자이자 명강사이다. 시중에서 흔히 보는 《명심보감》과 다른 《명심보감》 청주판의 완역본인《김병조의 마음공부》 저자이기도 하다.

어떤 사연으로, 또 어떤 배경으로 그의 인생이 이렇게 달라졌을까? 지금이 더없이 행복하다는 그를 『매일신문』 서울지사에서 만났다. 《김병조의 마음공부》 속의 그림을 그린 그의 아내 김현숙 동양화가도 함께한 자리였다.

한 점의 불티가…

—

김병준 (김병조 교수가 붓펜으로 쓴 한문 글을 보며) 글씨가 보통이 아닙니다. 언제부터 쓰셨나요?

김병조 과찬입니다. 어릴 때부터 고전이나 우리 것에 관심이 많았습니다. 글도 한자로 쓰는 걸 좋아했습니다. 잘난 척하느라고…. (다 같이 웃음)

김병준 어릴 때부터라면 집안이 유학자 집안인가요?

김병조 광산(光山) 김가로 몰락한 선비 집안이었습니다. 생활도 어려웠습니다. 하지만 아버지가 한학을 했고, 또 서당 훈장을 한 덕에 늘 양반문화나 선비문화 분위기가 흘렀습니다.

김병준 아버지 영향을 많이 받은 모양입니다.

김병조 오히려 할아버지 영향을 많이 받았습니다. 할아버지 손에 자라다시피 했는데 말을 배우면서부터 "어디 김가인고?"라고 묻곤 하셨습니다. "광산 김가"라고 답하면 "오냐, 양반이구나" 하면서 곶감 하나를 주곤 하셨습니다. 아버지는 매우 엄하셨죠. 동생들에게는 그러지 않으셨는데 유독 7대 장손인 나에게만 그러셨습니다. 농담 같지만, 너무 그러셔서 정말 우리 아버지가 아닌가보다 생각하기도 했죠. 그러다 한 번은 집안 어른의 문상을 갔는데, 문상객이 많다 보니 저는 밖에 친 차일 안에서 자게 되었죠. 그런데 새벽에 누가 이불을 가져 와 덮어주는 거예요. 눈을 살짝 떠보니 아버지였어요.

그때 아 아버지가 아버지 맞나 보다 했죠. (웃음)

김병준 그런데 어떻게 연예계로 가셨습니까? 유학자 집안에다 엄한 아버지, 연예계와는 뭔가 잘 어울리지 않는 것 같은데.

김병조 집안 형편이 좋지 않아 육군사관학교를 가려 했습니다. 등록금을 안 내도 되니까요. 그런데 광주고 진학 후 이게 달라졌습니다. 선생님들과 친구들이 다들 예능계로 가는 것이 좋겠다는 것이죠.

김병준 소질이 다분했던가 보네요.

김병조 주변에서 그러니 그러고 싶어졌어요. 하지만 등록금이 문제였습니다. 고민하며 연극영화과 시험을 봤는데 다행히 장학금을 받게 되었습니다. 이후 4년간 정말 열심히 공부했습니다. 장학금 지키느라고. (웃음) 군대 갔다 오면 장학금을 놓칠까 봐 군대도 졸업하고 갔습니다.

김병준 그러면 연예계 입문은 언제인가요?

김병조 군 연예대에서 복무하고 제대를 하는데, 부대 간부가 고생했다며 자매결연을 하고 있던 TBC 동양방송에 소개해 주었습니다. 그래서 테스트를 받고 전유성 등 개그맨 1세대들이 출연하고 있던 우리나라 최초의 개그 프로그램 〈살짜기 웃어예〉에 출연하게 되었습니다. 그게 데뷔였죠.

김병준 그 뒤 1980년 MBC로 옮기게 되고, 〈일요일 밤의 대행진〉 등으로 승승장구하셨습니다. '지구를 떠나거라~' 등의 유행어가 지금도 생생하네요. 개그 프로였지만 격조도 있었습니다.

김병조 나름 우리의 웃음을 찾으려 했습니다. 후배들에게도 미국 코미디보다는 하회탈춤 같은 우리의 웃음을 찾으라고 조언하기도 했습니다. 《명심보감》 구절도 많이 가져 왔습니다. 예를 들면 혼인함에 있어 재물을 논하는 것은 오랑캐 법도라는 말이 있는데, 이런 부분을 응용해 당시의 잘못된 혼수문화를 꼬집는 것 등이었죠.

김병준 한두 해도 아니고 내리 7년간 큰 인기를 누렸습니다. 그러다 민정당 전당대회 건이 터진 것 같습니다.

김병조 "일성지화(一星之火)도 능소만경지신(能燒萬頃之薪)이라" 즉, 한 점의 불티도 능히 큰 숲을 태운다고 '그 일*'로 모든 게 무너졌습니다. 빗발치는 항의 전화와 엄청난 비판과 질책들…. 정말 말할 수 없는 충격을 받았습니다.

* '그 일'이란 1987년 6월 10일 당시 여당인 민정당 전당대회 사회를 보면서 "민정당은 국민에게 정을 주는 당, 통일민주당은 국민에게 고통을 주는 당"이라 하여 큰 소동이 일어났던 일이다. 받은 원고를 그대로 읽은 것이었지만 비난의 화살은 모두 발언의 당사자인 사회자 김병조를 향했다.

김병준 박종철 고문 치사사건 등으로 민심이 악화될 대로 악화되어 있었고, 6월 항쟁, 즉 민정당 정권에 대한 국민적 저항이 막 시작되던 시점이라 더 했던 것 같습니다.

김병조 바르게 살려고 노력했습니다. 술 담배도 안 하고, 엄하게 자란 탓인지 야간 업소 출연도 하지 않았습니다. 대본을 받으면 그 위에 항상 '성실' '겸손'이라고 썼습니다. 그리고 누나 이름을 썼습니다.

김병준 누나요?

김병조 나 때문에 고생한 누나였죠. 공부도 많이 못하고. 열심히 바르게 살자는 뜻에서 그 이름을 대본 위에 썼습니다. 웃기는 사람이지만 우스운 사람은 되지 말자는 뜻이었습니다. 장손으로서의 자존심도 있었고요. 하지만 한순간에 다 무너져 버렸습니다. 일반 방송이 아닌 정치행사 자리였고, 또 주어진 각본을 읽었다 하지만 말이 안 되죠. 모든 게 제 불찰이었습니다.

김병준 지금도 그렇지만 우리 정치에는 조크나 해학, 풍자가 통하지 않습니다. 어떻게 이렇게까지 큰 문제로 삼느냐는 생각이 들지 않던가요?

김병조 그렇게 말하는 사람도 있었습니다. 하지만 "행유부득 반구저기(行有不得 反求諸己)"라, 잘못을 내 안에서 찾아야죠. 스스로를 용서할 수 없었습니다. 부도덕한 사람들을 보고 '지구를 떠나거라~' '나가 놀아라' 하지 않았나요. 아껴주었던 팬들과 국민들에게 미안했고 조상 뵐 낯도 없었습니다. 온 가족이 형언할 수 없는 고통을 앓았습니다. 극단적인 생각까지 했었으니까요.

김병준 그래서 방송을 그만두었나요?

김병조 도덕적으로 MBC는 그만둘 수밖에 없었습니다. 마침 SBS가 개국해 그리로 옮겼습니다. 하지만 예전처럼 할 수가 없었습니다. 그러던 차에 고향 광주에 광주민방 KBC가 생겼고, 여기서 노래자랑 프로를 맡아줄 수 있느냐는 요청이 왔었죠.

우연히 시작된 새로운 인생

—

김병준 지방으로 내려가는 기분이 착잡했겠습니다.

김병조 아닙니다. 〈일요일 밤의 대행진〉보다 더 열심히 했습니다.

김병준 그러면 강의는 언제 시작했나요?

김병조 노래자랑 프로를 진행하던 중 조선대학교 평생교육원에서 연기와 개그를 한 학기 강의해 달라는 요청이 왔습니다. 수강생 모집에 도움이 될 거란 생각이었던 것 같아요. 그런데 일반인 상대 강의라면 교재도 있고 해야 하는데 개그나 연기에 그런 게 있나요. 그래서 《명심보감》 강의를 역제안했는데, 이게 받아들여졌습니다.

김병준 학생들이 좋아했을 것 같습니다.

김병조 훈장 집안 전통이라 그런지 가르치는 재주가 있는 모양이었나 봐요. 고전과 과거를 현대적 의미로 해석하고, 인생에 도움이 되는 금언들을 해학과 풍자를 섞어 풀이했습니다. 반응이 좋았어요.

김병준 그래서 그게 정식 학부 강의와 대학원 강의로 이어졌나요?

김병조 한번은 당시 총장이었던 양영일 박사가 평생교육원 강의에 수고가 많다며 식사 초대를 했습니다. 그리고 식사 중, 집의 아버지도 한학자이신데 지금 문집 하나를 번역하고 있다고 하더군요. 문집 이름을 물었더니 《송천집》이라 하더군요. 그래서 바로 '응(應)'자 '정(鼎)'자 선생의 직계 손인가 물었더니 깜짝 놀라셨어요. '개그맨이 어

떻게?' 하는 것 아니었을까요? (웃음)

김병준 놀랄 만도 하지요.

김병조 아마 강의 부탁을 생각하고 있었던 것 같기도 한데요. 이 일로 더욱 자격 있는 사람이라는 확신을 가지게 된 것 같았어요. 바로 "이제 우리 조선대학 못 떠납니다. 학생들보고 다른 데 못 가게 막으라고 할 겁니다"라고 하셨어요.

김병준 그게 정식 대학 강의의 시작이군요. 강의 제목이 무엇이었나요?

김병조 '현대 생활과 명심보감'이었습니다. 첫 학기에는 100명 정도 들었습니다. 그러던 것이 그 다음 학기부터는 600명이 되었죠. 300명 이상 들어가는 큰 강의실이 없어 여러 번 나누어서 강의했습니다. 이후 다시 교육대학원에서 교사들을 상대로 강의하게도 되고….

김병준 학생들 반응은 어떻습니까?

김병조 강의평가를 보면 알죠. 좋아합니다. 아버지로부터 들을 말씀을 듣는 것 같다는 말을 듣기도 하는데, 그게 고리타분하다는 뜻은 아닌 것 같습니다. 좋은 의미에서 하는 것 같아요. 그럴 때면 저도 이렇게 이야기합니다. "나도 아버지의 마음에서 강의한다. 아버지가 누구를 제일 무서워하는지 아느냐. 자식이다. 아버지도 할 말 다 못하고 산다. 그 아버지가 못해 주는 말을 내가 해 주는 것이다."

김병준 어쨌든 인생이 바뀌어 버린 셈입니다.

김병조 그렇죠. 연예인에서 연예인과 교수를 겸직하는 사람이 되었다가 이제는 아예 공부하고 연구하고, 또 가르치는 교수가 되었습니다. 인생 무대에서 배역이 달라진 것이죠.

김병준 그런데 쓰신 책《김병조의 마음공부》를 보면 시중의《명심보감》과 좀 다릅니다. 내용이 더 있는 것 같아요.

김병조 청주판이라 그렇습니다.

김병준 청주판이라면?

김병조《명심보감》은 세종 때 명나라에서 들어와 초판이 만들어졌습니다. 청주 목판관 구인문이 주도하고 충청도 감사 민건, 청주목사 황보공 등 5인이 참여했는데, 일종의 도덕재무장을 위해 간행된 것 같습니다.

김병준 도덕재무장? 그만큼 세상이 어지러웠나 봅니다.

김병조 구인문 등 참여자들이 모두 단종 세력입니다. 훗날 세조가 된 수양대군이 김종서를 죽이고, 충신이 역적이 되고 하던 때입니다. 그런 세상이 단종 쪽에 서 있다가 청주 등 충청도로 좌천된 이들의 눈에 어떻게 비쳤을까요.

김병준 일종의 운동권 서적이네요. (함께 웃음) 그런데 왜 이게 주류가 되지 않고 지금의《명심보감》이 주류가 되었나요?

김병조 잃어 버렸기 때문이죠. 1970년대에 와서 경북의 어느 고가에서 발견되기 전까지는 존재 사실 자체를 몰랐습니다. 그 사이 시중에서 흔히 보는, 중요한 내용들을 뺀《명심보감》이 돌아다니게 되었습니다.

김병준 내용상 차이가 많이 나는가요?

김병조 그렇습니다. 예컨대 청주판에는〈맹자〉가 29편이나 있는데, 시중의 것에는 이게 없습니다. 공자는 인(仁), 맹자는 의(義) 아닙니까. 맹자는 옳고 그름을 중시하는데 이게 빠져 있습니다. 그 외에도 좋은 내용이 많이 빠져 있습니다. 우연히 빠진 것이 아니라 빼지 않으면 안 되는 정치사회적인 이유가 있었던 것 같습니다.

잊혀가는 김병조?

—

김병준 새로운 인생에 대해 어떻게 생각하나요? 이름을 얻는 데 있어서나 돈을 모으는 데 있어서 연예인이 훨씬 더 나을 텐데요?

김병조 지금이 행복합니다. 《명심보감》에 "부귀영화가 좋은 줄 모르는 바 아니나 빈촌의 길이라도 아름다운 길이면 그길을 간다"는 말이 있습니다. 바로 그 마음입니다. 내가 하고 싶은 역할을 하고, 내가 하고 싶은 공부를 합니다. 그러면서 남에게 도움을 주기도 합니다.

김병준 1987년 민정당 사건에 대한 원망도 없는 모양이죠.

김병조 당연히 없습니다. "도오악자 시오사(道吾惡者 是吾師)"라. 나의 단점을 지적해 주는 사람이 나의 스승이라 했습니다. 그때 그 기사를 쓴 기자부터 나의 스승입니다. 나로 하여금 지금과 같은 의미 있는 인생을 살게 해 주었으니까요.

김병준 개그맨 출신으로 강의를 하는 게 어떤가요? 좋은 점, 나쁜 점 다 있을 것 같습니다.

김병조 나쁜 점은 개그맨 출신에 대한 시각입니다. "개그맨이 무슨 한학을 해" 하는 식이죠. 그래서 더 열심히 합니다. 좋은 점은 많습니다. 우선 내가 누군지를 소개할 이유가 없습니다. 또 적절한 해학을 섞어도 이상하게 보지 않습니다.

김병준 강의의 핵심은 전달입니다. 그 점에 있어 절대적 강점을 가지고 있으십니다.

김병조 하지만 점점 김병조가 누구인지 모르는 젊은이들이 많아지고 있습니다. 교수인 줄만 아는 친구도 많습니다. 사인을 해 달라는 친구들이 있긴 한데, 모두 엄마가 받아 오라고 한답니다. (모두 웃음)

김병준 그 젊은이들이 요즘 참으로 어렵습니다. 희망이 잘 보이지 않는 것이죠. 그들을 위해 한마디 해 주었으면 합니다.

김병조 나도 형편 좋은 집안에서 태어났으면 오늘이 없었을 것입니다. 흙수저 금수저 하는데, 금도 흙 속에 있습니다. 답답한 이야기가 될지 모르겠습니다만 어려운 학생들에게 이렇게 이야기합니다. "너희는 잘난 사람들의 자식이 가지지 못하는 어려움의 경험이 있다. 그 점에서 여러분도 부자다." 실망도 분노도 하지 말고 열심히 바르게 살면 기회가 옵니다.

김병준 《명심보감》에 공직자나 지도자가 될 사람들을 위한 말도 많은데, 한마디 해 주었으면 합니다.

김병조 "기신정(其身正)이면 불령이행(不令而行)이지만 기신부정(其身不正)이면 수령부종(雖令不從)이라" 즉, 지도자의 처신이 바르면 명령이 없어도 스스로 이행하지만, 지도자의 처신이 바르지 못하면 명령을 내린다 해도 따르지 않는다고 했습니다. 바르게 행동해야 합니다.

김병준 바르게 행동한다? 참으로 어려운 일입니다.

김병조 다른 무엇보다 참는 게 으뜸입니다. 공자님이 말씀하셨습니다. 지도자가 참으면 나라가 편합니다. 형제도 서로 참아야 화목해지고, 부부도 서로 참아야 백년해로합니다. 또 친구도 서로 참아야 우정이 지속됩니다. 개그식으로 이야기를 해 볼까요? '바를 정(正)'자를 보세요. '한 일(一)'자 밑에 '멈출 지(止)'자입니다. 멈춘다는 것은 무엇입니까? 참는다는 것입니다. 바르다는 것은 무엇이냐? 한결같이 참는다는 것입니다.

김병준 문자 쓰고 옛 이야기 많이 하셔도 고리타분하다는 이야기는 듣지 않으실 것 같습니다.

김병조 고전이 현대적 의미를 상실하면 고전합니다. (웃음) 그렇게 하면 안 됩니다.

김병일

경제부처 장관에서
퇴계학과 선비문화의 거두로

물론, 다른 일 하라고 하는 사람들이 있다.
그러면 이렇게 물었다. 다른 일 뭐? …
그냥 공부하고 달리고, 그게 좋았다.

1945년 상주 출신이다. 서울대학교 사학과를 나와 행정고시를 거쳐 경제부처에서 30여 년을 일했다. 통계청장, 조달청장, 기획예산처 차관, 한국은행 금융통화위원, 그리고 참여정부에서 기획예산처 장관을 지냈다.

잘나가는 기업의 명예회장이나 고문, 아니면 고액 연봉을 받는 대형 법무법인 고문쯤으로 있을 법한 경력이다. 그러나 장관직을 그만둔 후 그가 뛰어든 것은 사서삼경을 공부하는 일과 달리기, 즉 마라톤이다. 지금 있는 곳도 안동 도산서원 선비문화수련원 이사장으로 있으면서 국학연구와 선비문화 확산에 힘쓰고 있다. 2019년에는 퇴계 이황 선생이 사직 후 안동으로 귀향하며 걸었던 270㎞(약 700리)를 '동양의 산티아고 순례길'로 만들기도 했다.

지금 와서 생각해 보면 그는 늘 선비였다. 정부 예산을 배분하는 부처, 그래서 '갑' 중의 '갑'이라 할 수 있는 기획예산처 장관을 지내면서도 항상 겸손했다. 그러면서 대통령을 포함해 누구 앞에서도 할 말을 다했다. 열과 성을, 그리고 책임과 의무를 다하지만 언제든 떠날 수 있다는 그런 자세였다.

《퇴계처럼》과 《선비처럼》의 저자이기도 한 그를 도산서원 선비문화수련원에서 만났다. 어느 때보다 행복한 삶을 살고 있다는 그에게 무엇이 그를 이리 이끌었는지를 물었다.

다른 일 뭐?

김병준 경제부처 장관을 하신 분이 이렇게 국학을 공부하고 선비문화를 확산하는 일을 하고 계십니다. 그것도 서울 사시던 분이 안동까지 내려와서 말이죠.

김병일 하고 싶은 일을 하고 있습니다. 그보다 더 좋은 일이 어디 있나요.

김병준 주변에서 반대하지 않았나요?

김병일 아내가 어떻게 생각할까 걱정이었는데 다행히 잘 이해해 주고 있습니다. 시간이 갈수록 더 그런 것 같고요. 정말 고맙게 생각하고 있어요.

김병준 거의 안동에서 지내시는 것 같은데 숙소는 어디에 있나요?

김병일 관리인 숙소로 지은 방이 하나 있습니다. (작은 응접 소파와 작은 책상이 공간을 거의 다 채우다시피 한 이사회 방을 가리키며) 이 방의 3분의 2 정도 됩니다.

김병준 좁아서 불편하겠습니다.

김병일 넓다고 다 좋은가요. 퇴계 선생도 방과 부엌 각 한 칸, 마루 한 칸 반의 작은 집에서 인생의 마지막 10년을 사셨습니다.

김병준 국학과 선비문화에는 언제부터 관심을 가지게 되었습니까?

김병일 어릴 때부터 옛것에 관심이 많았던 모양입니다. 어른들로부터 옛 풍습이나 문화 이야기 듣는 것을 좋아했습니다. 대학 갈 때도 사학과 이외는 생각을 하지 않았고 석사학위도 조선왕조의 청백리 연구로 받았습니다.

김병준 이곳 도산서원에도 자주 다녀갔겠네요.

김병일 대학 3학년 때 단체로 답사를 왔었습니다. 퇴계 선생의 손때가 그대로 묻어 있는 것 같은 나지막한 흙담 등이 아직도 머릿속에 있습니다. 안동댐이 들어선 이후에는 약사 일로 약국에 묶인 아내는 두고 네 살짜리 딸을 데리고 다녀갔습니다. 아내를 두고 혼자 올 만큼 이미 내 마음의 성지로 자리 잡고 있었습니다. 그 뒤로도 공무로 퇴계 선생 탄생 500주년 행사에 참석하는 등 여러 번 다녀갔습니다. 불천위 행사(큰 공이 있는 분의 신위를 오대봉사, 즉 5대 위의 조상까지 제사를 모시는 것과 관계없이, 사당에 모신 후 대대손손 지내는 제사)에도 참석하곤 했는데, 그럴 때면 퇴계 선생이 걸었던 옛길을 걸어보곤 했어요.

김병준 우리 역사와 문화에 그만큼 관심이 컸다는 이야기가 되겠습니다.

김병일 관심은 컸습니다. 하지만 공무원 아닙니까. 공직에 전념해야 했고, 그래서 마음껏 공부할 시간이 없었습니다. 나중에 차관이 되고, 공직 생활을 마무리 할 때가 되면서 본격적으로 공부해야겠다는 생각을 하게 되었습니다. 그래서 '역사모', 즉 역사를 사랑하는 모임을 여러 사람들과 만들기도 했습니다.

김병준 어떤 분들과 같이하셨나요?

김병일 학술원 부회장을 지내신 이성무 선생, 독립기념관장을 지내신 이

문원 선생, 이화여대 총장을 지내신 이배용 선생 등이 참여하셨습니다.

김병준 대단한 역사학자들 아닌가요? 그런 분들과 자리를 같이할 만큼 공부가 되어 있었다는 이야기 아닙니까?

김병일 그렇지 않습니다. 주로 그분들 말씀을 들으며 배우는 입장이었죠.

김병준 아무튼 그 뒤 차관을 끝으로 공직을 마감하셨습니다. 하지만 한국은행 금융통화위원을 거쳐 곧 다시 기획예산처 장관으로 정부에 들어가셨습니다. 다시 공부하기가 힘들어졌겠네요.

김병일 욕심에 '뿌리회'라는 모임을 만들기도 했습니다. 명현의 자손들이 자기 조상만 알고 지낼 게 아니라 남의 조상 공부도 좀 하자는 취지의 모임이었죠. 그러나 막상 장관직을 그만둘 때까지는 잘 참석하지 못했습니다.

김병준 장관을 그만둔 후에는 이쪽 공부에 몰입한 것으로 알고 있습니다.

김병일 장관을 하면서 내내 마음에 둔 일이 두 가지가 있었습니다. 먼저 한문을 공부하는 게 그 하나였죠. 그래서 장관을 그만둔 지 한 달 남짓 후 한문 서당에 들어갔습니다. 그리고 이후 삼 년 정도 사서(四書), 즉 《대학》《논어》《맹자》《중용》을 두 번 공부했습니다.

김병준 또 하나는요?

김병일 달리기였습니다. 약한 몸을 고쳐 보겠다고 시작한 것이었는데, 장관을 그만두면서 본격적으로 했습니다. 건강해야 공부도 할 수 있다는 생각에서요. 각 언론사 마라톤과 뉴욕 마라톤 등 풀코스를 열 번 이상 뛰었어요. 풀코스보다 긴 울트라도 두 번 뛰었어요. 아내와 친구 부부까지 끌어들여 때로는 네 커플 여덟 명이 같이 뛰기도 했지요.

김병준 기록을 여쭤 봐도 될까요?

김병일 4시간 27분입니다. 초라해 보일 수 있습니다만 나이 들어 시작한 저로서는 만족스러운 기록입니다.

김병준 비슷한 경력을 가진 분들과는 너무도 다른 길로 가셨습니다. 주변에서 왜 그러고 있느냐고 하지 않던가요?

김병일 다른 일을 하라고 하는데, 다른 일 뭐? 그냥 공부하고 달리고, 그렇게 사는 게 좋았어요.

다시 얻은 성찰의 기회

김병준 선비문화수련원 이사장은 언제부터 맡게 되었나요?

김병일 2007년 처음 이야기가 나왔습니다. 잘 알지도 못하고 나이도 상대적으로 젊으니 5년 뒤에나 이야기하자고 했지요. 그런데 약 1년 뒤 영하의 날씨에 새벽길을 걷다 넘어져 다리가 부러졌습니다. 병원에 입원해 있는데 정기이사회가 소집되었어요. 나도 이사라 참석을 해야 했지만, 다리 때문에 그러질 못했어요. 그런데 이 이사회에서 나를 이사장으로 선임해 버렸어요.

김병준 어쩔 수 없었겠습니다.

김병일 운명이라 생각했지요. 그런데 문제는 뭘 알아야 이사장을 하지요. 국학이 좋아 공부하는 것과 선비문화수련원을 운영하는 것은 완전히 다른 문제 아닌가요. 그림 좋아하는 것하고 미술관 관장하는 것하고 다르듯이.

김병준 그래서 어떻게 하셨나요?

김병일 이사회에서는 일 년에 몇 번 이사회를 주재하면 된다고 생각했을지 모르겠으나 그럴 수는 없었지요. 이왕 맡았으면 제대로 해야지. 수시로 수련원에 내려와 강의를 청강하기도 하고 퇴계 선생께서 걸었던 길을 걸으며 퇴계 선생과 선비문화를 생각했어요. 그러면서 그동안 보지 못했던 것을 보게 되었습니다.

김병준 보지 못했던 것이요?

김병일 선비로서의 퇴계 선생 모습이죠.

김병준 이쯤에서 물어보고 가야겠다 싶은 게 있어요. 선비가 뭐고 선비정신이 뭔가요? 양반이나 사대부를 말하는 건 아니지 않나요?

김병일 양반은 신분계급을 말하죠. 쉽게 말해 문반과 무반의 벼슬아치와 그 자손들을 말하죠. 사대부는 '사(士)'와 '대부(大夫)'를 합친 말로 벼슬아치를 말합니다. 이에 비해 선비는 인격적인 개념이지요. '지'와 '덕'을 겸비하고, 의리와 범절을 지키며, 자신에 엄격하고 남에게는 후한 박기후인(薄己厚人)의 정신과 겸손의 자세로 사는 사람들을 말합니다. 양반이고 사대부라 하여 다 선비가 아니죠.

김병준 우리가 잘 아는 분 중에 어떤 분을 선비라 할 수 있을까요?

김병일 고(故) 김수환 추기경 같은 분이시죠. 자신을 낮춤으로써 종교를 초월해 모든 사람들의 마음을 적셨습니다. 또 모든 사람들로부터 존경을 받았습니다.

김병준 퇴계 선생이 바로 그런 분 내지는 그 이상의 분이었다는 말씀 아닙니까?

김병일 그렇습니다. 선생은 그야말로 배운 대로 실천했습니다. 제자와 가족, 그리고 심지어 여자 종의 사정과 심정까지 헤아렸습니다. 자신을 끝없이 낮춤으로써 모든 이들의 존경을 받았죠. 또 그럼으로써 자기도 완성시키고 다른 사람도 완성시키고자 했습니다.

김병준 쉽지 않은 일입니다.

김병일 그때가 더 어려웠을 것 같아요. 신분사회 아니었나요. 게다가 남녀유별에 장유유서의 문화가 있었지요. 양반에 남자, 게다가 임금님까지 못 모셔가 안달을 하는 큰어른이었죠. 말하자면 영원한 '갑'이라고 할 수 있죠. 그런 분이 영원한 '을'인 '여자' '종'에게까지 잘하기가 쉽나요?

김병준 그런 일화가 많을 것 같습니다.

김병일 끝이 없을 정도입니다. 일례로 첫째 부인과 사별한 후 둘째 부인을 맞았는데 이분이 조금 부족한 분이었습니다. 안동 권씨 명문 집안 출신이었습니다만 당쟁이 심하고 사화가 있던 시절이라 할아버지와 작은아버지가 사약 받고, 할머니와 작은어머니 등이 종이 되는 것을 보고 들으며 자랐습니다. 아버지도 귀양살이 10년을 했고요. 정신적 충격이 컸겠죠. 아무튼 제사상에 놓인 과일을 찍기도 하고, 흰옷을 붉은 천을 대어 꿰매기도 했답니다. 그런데도 선생은 이 부인이 세상을 떠나기까지 16년을 한결같이 받아들이고 감싸 주었습니다.

김병준 후학들과 제자들에게도 끝없이 겸손했다는 이야기도 있습니다.

김병일 고봉 기대승 선생과의 4단7정(四端七情) 편지 논쟁을 보세요. 26살 아래인 고봉 선생에게 보내는 편지에 "엎드려 절한다"는 내용의 인사를 했습니다. 오죽하면 성호 이익 선생이 이곳에 와서 "150년이 지난 지금에도 가슴이 먹먹한데 그 당시 그 앞에서 배운 사람들은 어떠했을까?"라고 했을까요.

김병준 퇴계 선생을 큰 학자로만 알고 있었다는 사실이 민망합니다.

김병일 선생뿐만 아니라 그 후손 중에도 그런 분이 많습니다. 선생의 14대손이자 독립운동가였던 이육사 시인의 삶이 그 예라고 할 수 있죠. 열일곱 번 감옥을 갔고, 끝내 감옥에서 돌아가셨죠. 이런 게 선비의 삶이기도 하죠. 또 지금의 16대 종손도 팔순이 넘은 나이지만 수련생들을 상대로 말을 할 때는 무릎을 꿇는다고 해요. 오히려 상대가 불편을 느낄까 신경을 쓰면서 말이죠. 겸손이 몸에 익어 있습니다.

김병준 이런 이야기와 일에 취해 이렇게 안동에 머물게 되셨나 봅니다.

김병일 그런 점이 있습니다. 그동안 아내에게 어떻게 했지? 부하 직원들에게는 어떻게 했지? 성찰의 기회를 갖는 게 좋았습니다. 그러면서 안동에 머무는 시간이 계속 늘어갔습니다. 게다가 2009년부터 2014년까지 한국국학진흥원 원장을 맡았습니다. 이 역시 사양을 하다 어쩔 수 없이 맡게 되었는데 이 때문에 더욱 안동에 머물게 되었습니다.

선비정신이 약?

—

김병준 이곳 선비수련원을 다녀가는 사람들이 많이 늘어나는 것 같습니다.

김병일 이사장을 맡은 첫해인 2008년 4천 명이 수련했습니다. 그러던 것이 금방 2만 명, 5만 명, 7만 명 이상으로 늘어나더군요. 참 다행한 일입니다.

김병준 이사장이 잘하신 모양입니다.

김병일 그렇지 않습니다. 시설이 제대로 갖추어지기 시작한 데다 원장 이하 모든 직원들이 성심을 다해 운영하고 있기 때문이죠. 지금 새로 짓고 있는 시설이 완공되면 더 많은 분이 찾을 것입니다.

김병준 주로 어떤 내용의 수련을 하나요?

김병일 먼저 강의를 통해 선비정신이 무엇인가를 배우고, 도산서원과 퇴계 선생의 묘소 등을 찾아 선비로서의 퇴계 선생의 삶을 느끼게 합니다. 이어 '활인심방(活人心方)'이라 하여 몸이 약했던 퇴계 선생이 건강을 유지할 수 있었던 비결을 배웁니다. 그리고 마지막 단계에서는 수련생 각자 자신의 각오를 다지게 합니다.

김병준 선비정신이란 게 요즘의 가치관이나 역동적인 삶과는 맞지 않다는 지적이 있을 수 있습니다.

김병일 선비문화 이전에 유교문화에 고칠 것이 많습니다. 남존여비, 사농공상 등이 그런 것이죠. 이런 요소들이 17세기 이후의 잘못된 양반문화 등과 뒤섞여 마치 선비정신이나 선비문화도 잘못된 것처럼 여겨져 왔습니다. 그러나 진정한 선비문화는 그렇지 않습니다.

김병준 오늘의 삶과 잘 조화될 수 있다는 말인가요?

김병일 그렇습니다. 서구사회는 그 나름의 윤리적 기초 위에 자본주의와 자유주의 정신이 발달해 왔습니다. 그러나 우리는 그렇지 못했습니다. 급격한 변화 속에 모든 것이 다 무너진 상태에서 자본주의와 자유주의, 그리고 개인주의가 들어왔습니다. 그래서 자본주의는 물질주의가 되고 자유주의와 개인주의는 이기주의가 되었습니다. 그 결과 극심한 경쟁과 양극화를 낳고 있습니다.

김병준 선비문화가 이를 완화시키는 약이 될 수 있다?

김병일 그렇습니다. 솔선수범과 박기후인의 정신, 또 스스로를 낮추고 남의 입장을 배려하는 선비정신이 큰 도움이 될 수 있습니다. 이곳에 지도위원 35명이 있습니다. 모두 교육계 출신입니다. 모두들 섬김의 자세로 스스로 행복해지고 있다고 합니다. 다른 사람이라 하여 그렇게 되지 못할 리 없습니다. 자신도 행복해지고 사회도 행복하게 만들 수 있습니다.

김병준 끝으로 후배 공무원들에게 한마디 해 주세요.

김병일 열심히 최선을 다해 일해야 합니다. 그러나 일을 함에 있어 관점을 어디다 둘 것인가를 생각해야 합니다. 즉 누구를 위해 일할 거냐? 소속 기관도 소속 부처도 아닙니다. 국가와 국민의 관점에서 일하라. 그 말을 하고 싶습니다.

김형오

《술탄과 황제》,
남의 역사로 베스트셀러를 쓴 국회의장

술탄의 결단력, 황제의 눈물…
나를 이들 역사의 집필로 이끌었다.

오늘 손님은 김형오 전 국회의장이다. 『동아일보』 기자 출신의 5선 국회의원으로 최연소 국회의장을 지냈다. 정치 일선에서 다소 멀어진 이후 그는 1453년 오스만제국의 술탄 메흐메드 2세와 동로마제국의 마지막 황제 콘스탄티누스 11세 사이에 있었던 54일 간의 전쟁을 그린 실험적 역사서 《술탄과 황제》의 저자로 또 다른 인생을 살고 있다.

《술탄과 황제》는 2012년에 첫 출판되어 큰 반향을 일으켰다. 그리고 2016년, 자료를 크게 보완하여 《다시 쓰는 술탄과 황제》로 출판되었는데, 2020년에는 터키의 한 출판사가 이를 터키어로 번역하여 출판하였다. 우리말로 된 인문 역사 서적이 터키어로 번역되어 출판되는 첫 사례였다. 그것도 다른 나라가 아닌 터키의 역사를 다룬 책이라는 점에서 참으로 놀라운 일이었다.

《술탄과 황제》는 사실 우리 학계와 문화계에 주는 일종의 경종이자 충격이다. 내용의 새로움과 치밀함은 손쉬운 주제와 방법의 매너리즘에 빠진 학자들에 대한 경종이고, 역사서와 소설을 뛰어넘는 실험적 서술 방식은 학술과 문학 모두에 있어 충격이다.

어떻게 이런 책이 가능했을까? 잠을 하루 3시간으로 줄여가며 집필에 전념한 그 열정과 노력, 단지 그것 때문이었을까? 아니다. 그가 이 자리에 있던, 그래서 기존의 규칙과 문화에 매이거나 빠져 있던 사람이 아니었다는 사실 또한 큰 기여를 했을 것이다. 우리 모두가 있지 않았던 자리로의 제2, 제3의 인생을 꿈꾸어도 좋은 이유이다. 그의 이야기를 들어보자.

그 시작 ; 꺾인 자존심

김병준 《술탄과 황제》 이야기를 처음 들었을 때 정치인들이 흔히 내는 그런 책인 줄 알았습니다. 선거 직전 출판기념회용으로 내는 그런 책 말이죠.

김형오 (웃음) 그런 건지 오늘 취재 좀 해 보세요.

김병준 국회의원을 하고 나면 지성도 인격도 없어지는 것 아닌가요? (웃음) 아무튼 한 방 먹은 기분이었어요. 남의 나라 전쟁사를 이렇게 깊고 정확하게 파헤칠 수 있을까? 또 이렇게 생동감 있게 전달할 수 있을까? 공부하고 가르치는 일을 해 온 사람으로서 크게 부끄러웠습니다.

김형오 과찬입니다. 다행히 평가가 좋고 25쇄를 찍을 정도로 많이 팔려서 기분이 좋습니다.

김병준 지금도 많이들 찾고 있는 것으로 알고 있습니다.

김형오 지금은 절판 상태입니다. 일부 새로운 내용을 담기 위해서요. 몇 달은 있어야 새로 찍을 것 같네요.

김병준 국회의장까지 한 분이 어떻게 역사 서적을 쓸 생각을 하게 되었나요?

김형오 외국 출장을 가면 꼭 미술관이나 박물관에 들르는데요. 2009년 터키 이스탄불에 갔을 때도 그런 맥락에서 전쟁기념관을 둘러보았어요. 그런데 여기서 가이드가 "이게 메흐메드 2세 술탄이 배를 산으로 끌고 간 그 장면이다." "이게 콘스탄티누스 11세 황제가 해상 봉쇄 때 썼던 바로 그 쇠사슬이다."라고 설명을 하더군요. 그러자 동료 의원들도 잘 알고 있다는 듯 고개를 끄덕였고요. 한편으로는 놀랐고, 또 다른 한편으로는 자존심이 상했습니다.

김병준 무슨 말인가요?

김형오 우선 해상이 봉쇄되자 70여 척의 배를 끌고 산으로 올라갔다는 이야기에 놀랐습니다. 세상에 어떻게 그런 일이 있지? 그런데 다른 사람은 이미 잘 알고 있다는 태도였단 말이지요. 가이드도 '바로 그 유명한' 어쩌고 하면서 당연히 알고 있어야 한다는 듯이 이야기했고… 평소 역사만큼은 누구에게도 뒤지지 않는다는 자존심이 있었는데 이날 이게 금이 갔어요.

김병준 (웃음) 그런 일은 잘 몰라도 그냥 아는 척하는 것 아닌가요? 사실 1453년, 그것도 남의 나라에서 있었던 전쟁을 어떻게 잘 알 수 있나요.

김형오 어쨌든 세계사의 중요한 전환점인 그 전쟁을 모르고 있다는 것이 좀 그랬지요. 그래서 이스탄불에서 앙카라로 가는 길에 사무실로 메시지를 보냈지요. 이 전쟁에 관한 책을 구해 놓으라고.

김병준 그게 이 책의 시작이군요. 그런데 책이 있기나 했을까요?

김형오 아닌 게 아니라 국회도서관에서 수십 권을 빌려다 놓았는데, 대부분이 비잔틴 미술사라든가 터키 여행안내서 같은 것들이었어요.

다행히 딱 한 권, 스티븐 런치만(Steven Runciman)의 《1453 콘스탄티노플 최후의 날》이 눈에 들어왔는데 이걸 책이 너덜너덜해질 때까지 읽고 또 읽었지요. 그 다음에는 또 어떡하겠어요? 아예 전문 외서를 구해서 읽었어요. 줄잡아 150~200권은 읽은 것 같아요.

김병준 완전히 빠져들었다는 이야기 아닌가요?

김형오 우선 전쟁의 내용이 너무 흥미로웠어요. 당시에 나올 수 있는 전략과 전술 그리고 무기가 다 나왔어요. 배를 끌고 산을 넘는 것부터 시작해서 포격전과 지상전에 불화살이 날아가고, 심지어 그 시대의 네이팜(napalm)이랄 수 있는 공격까지 행해졌어요.

김병준 리더십 변수도 재미있지 않은가요. 쓰신 책에도 잘 나타나 있지만 결단력과 패기의 지도자 메흐메드 2세와 유약하지만 질 수밖에 없는 전쟁에 끝까지 사력을 다하는 공감과 눈물의 지도자 콘스탄티누스 11세 황제 말이죠.

김형오 물론이죠. 이 두 대조적인 리더십과 그들의 고민과 고통, 그리고 그들의 의사결정 행태가 나를 끌어당겼어요. 국회의장 경험이 있어 더욱 그랬지요. 직권상정 문제만 해도 그렇지 않은가요. 여당은 왜 하지 않느냐 야단이고, 야당은 왜 하느냐 야단이었지요. 내 편은 아무도 없는 것 같았어요. 콘스탄티누스 11세 황제와 메흐메드 2세 술탄의 고통이 가슴에 와 닿았습니다.

6선 대신 택한 집필의 길

김병준 책을 쓰겠다는 생각은 어떻게 하게 되었나요?

김형오 공부를 하면서 주변에 이 전쟁 이야기를 조금씩 해 봤어요. 그러다 이걸로 책을 쓰면 어떨까 하는 생각이 들었지요. 당시 국내 서적으로는 번역서 두 권이 있었는데 이 두 권 모두 한계가 있어 보였어요. 하나는 앞에 말한 런치만의 책인데 읽기가 어려운 단점이 있었어요. 또 하나는 《로마인 이야기》로 잘 알려진 시오노 나나미의 《콘스탄티노플 함락》인데 솔직히 그의 명성에 미치지 못하는 감이 있었습니다.

김병준 런치만 책이 어려운 것은 이해됩니다. 학자가 쓴 책이라 그쪽 역사를 잘 모르는 우리에게는 어려울 수 있지요. 그러나 대중적인 글을 쓰는 시오노 나나미 경우는 의외네요.

김형오 시오노 나나미 책은 사실 다른 책을 본 다음 그 존재를 알게 되었습니다. 반가운 기분에 책을 구입한 날 저녁에 바로 다 읽었어요. 하지만 아쉬웠습니다. 문헌을 좀 더 폭넓게 참고했더라면, 그래서 당시의 상황이나 흐름을 좀 더 정확하게 파악했더라면 하는 부분들이 있었습니다.

김병준 그래서 결국 직접 쓰자? 더 풍부하고 재미있게, 또 더 정확하게?

김형오 못할 것도 없다는 생각이 들었습니다. 국회의장 임기를 몇 달 앞둔 시점, 그러니까 18대 국회의원 임기를 2년 여 남겨 둔 시점이었습니다. 그때부터 더 열심히 공부했지요. 국회가 쉬는 기간에 다시 이스탄불을 다녀오는 등 자료 수집과 사실 확인에 더 매진했습니다.

김병준 정계 은퇴도 이 문제와 관련이 있나요?

김형오 통상 국회의장을 하고 나면 더 이상 출마하지 않는다고 하지요. 그러나 내 경우는 최연소로 워낙 일찍 국회의장을 한 탓에 모두들 다시 출마할 것으로 생각했습니다. 의장 출마를 하면서 불출마 약속을 하지 않았거든요. 그러나 임기 1년 정도를 앞두고 불출마 선언을 했습니다. 하루라도 빨리 이 책에 전념하고 싶어서였습니다.

김병준 쉽지 않은 결정이었을 것 같습니다.

김형오 정치는 그 나름 매력적인 직업입니다. 역동성이 있고 또 열정을 쏟아 부을 여지도 많습니다. 하지만 마음이 점점 책을 쓰는 쪽으로 기울었습니다. 기자회견에서 불출마의 변으로 '후진을 위해', 또 '정치 발전을 위해'라고 말하며 여의도를 떠났지요.

김병준 하지만 글을 쓴다는 것이 그렇습니다. 젊은 시절 기자 생활을 했다고 해서 쉽게 새로 시작할 수 있는 것이 아니죠.

김형오 걱정을 많이 했지요. 그래서 의장 시절 수필집을 두 권 썼습니다. 일종의 연습인 셈이죠. 새로운 일을 한다는 것이 그렇지 않은가요. 마음만 가지고는 안 돼요. 능력도 어느 정도 따라가 줘야 하는 것 아니겠습니까.

김병준 집필 이전에 자료를 모으고 해석하는 것부터가 쉽지 않았을 것 같습니다. 모두 남의 나라, 그것도 560년 전의 자료를….

김형오 자료는 많습니다. 다만 살아남은 사람들의 기록들이 많은데 실제로 말하는 날짜가 서로 맞지 않아 고생을 했습니다. 또 오스만 쪽은 유목민이라 기록문화가 약해 상대적으로 조금 어려웠습니다. 하여간 수차례 이스탄불을 다녀왔고 마지막에는 50일 가까이 머물기도 했지요. 그러면서 모을 수 있는 자료는 다 모았어요. 그리고 수십 명의 현지 연구자들을 찾아다니며 괴롭혔습니다. 이들과의 인터뷰는 정말 유용했다고 할 수 있어요.

김병준 국회의장 출신이니까 다른 사람에 비해 고생을 덜 한 것 아닌가요. 하다못해 잠도 좀 좋은 곳에서 자고요.

김형오 우리로 치면 장급 여관에 묵었어요. 그것도 부담이 되어 어떡하든 재미있는, 그래서 잘 팔리는 책을 써서 비용을 건져야 되겠다는 생각이 컸지요. (웃음)

황제의 일기와 술탄의 비망록 ; 새로운 접근

김병준 실제로 어려워질 수 있는 주제를 쉽고 재미있게 쓰셨습니다. 시작부터 흥미를 일으키기도 하고요.

김형오 사실 런치만의 책의 경우, 정치의 본질을 이해하는데도 도움이 될 것 같아 번역서를 사서 기자 등 주변 분들에게 꽤 돌렸습니다. 그런데 그 누구도 잘 읽었다는 등의 인사를 안 하더라고요. 그래서 오히려 내가 읽어 보았나 묻곤 했는데, 다들 대답이 너무 어렵고 재미도 별로라는 거예요. 그래서 때로는 여기 저기 건너뛰어 재미있는 부분부터 읽으라 권해 보기도 했지만 소용없었어요.

김병준 남의 나라 역사라 익숙하지 않으니까 더욱 그러했겠죠.

김형오 그러니 더 많은 고민을 할 수밖에요. 어떻게 하면 재미있게, 또 쉽게 읽을 수 있도록 할까? 그래야 여관비와 항공료 등 이스탄불 오고 간 여비라도 건지는데 말이죠. 그러다 몇 가지 특별한 구상을 하게 되었습니다. 이를테면 책의 구성을 런치만처럼 사건 순서대로 나열하는 게 아니라 두 지도자의 싸움 등, 흥미를 느낄만한 부분을 앞으로 먼저 가져오는 것이죠. 우리나라 사람들이 좀 급합니까. 그래야 뭐가 될 것 같았어요.

김병준 특히 황제의 일기를 발견한 술탄이 그 일기를 읽으며 그에 대해 비망록을 작성해 나가는 부분은 너무나 인상적입니다.

김형오 그것도 결국, 어떻게 하면 쉽고 재미있게 만들까 고민하다 나온 구상입니다. 물론 일기장과 비망록은 픽션이죠. 실제로 존재하지는 않습니다. 그러나 그 속에 있는 내용은 모두 사실입니다. 확인에 확인을 거듭하며 그런 형태로 서술했습니다.

김병준 일종의 실험적 접근인데 정말 인상적입니다. 우리 역사의 중요한 부분들도 그런 식으로 정리해 보면 어떨까요? 예컨대 사육신 중 누구 한 사람의 일기에 대해 세조가 비망록을 쓴다거나 보수적인 송시열 선생의 일기에 대해 개혁사상가인 정약용 선생이 비망록을 쓰는 형식이면 어떻게 될까요?

김형오 그것 또한 우리 역사의 내면, 특히 역사적 인물들의 고뇌를 더 깊이 들여다볼 수 있는 방법이 될 수 있을 것입니다.

김병준 또 하나 눈에 크게 들어오는 부분이 있습니다. 《술탄과 황제》에서는 승자와 패자가 동등하게 다루어지고 있어요. 선악의 관념도 약해요. 술탄에게는 황제가 악이고 황제에게는 술탄이 악이죠. 그러나 독자는 어느 쪽이 악이고 어느 쪽이 선인지 구별할 수가 없습니다. 묘한 구도입니다. 일부러 그런 구도를 만든 것 같아요.

김형오 우리는 모든 것을 선악 관념으로 획일화하는 데 익숙해져 있습니다. 정치에 있어서도 나는 항상 옳고 너는 항상 그르다. 이래서 되겠나. 선악을 따지기 전에 서로가 어떠한 입장에 있는지를 이해할 필요가 있습니다. 정치를 하면서, 또 국회의장을 하면서 그런 생각을 많이 했습니다.

김병준 정치를 하셨으니 인간관계가 넓고, 그래서 참석해야 할 행사도 많았을 것 같은데요.

김형오 최소화하는 수밖에 없었습니다. 집중적으로 집필하는 기간에는 잠을 세 시간 정도밖에 자지 못했습니다.

김병준 출판 후 그만큼 더 길게, 편히 주무셨겠습니다.

김형오 아무래도 그렇죠. 하지만 출판 뒤에도 일이 적지 않습니다. 고칠 곳이 계속 나오기 때문입니다. 사실, 나름 자부심이 있었죠. '내용뿐만 아니라 편집이나 교정에도 정성을 들일 만큼 들였으니 고칠 곳은 없을 것이다.' 그런데 웬걸 바로 오자가 발견되네요. 2쇄에도 오자, 3쇄에도 오자… 때로는 그림도 바꾸고 관점도 달라지고… 20쇄가 넘어가도 계속 고칠 게 나오는 거예요. 출판사가 죽겠다 아우성치죠.

김병준 그만큼 완벽을 추구하신다는 이야기가 되겠습니다. 애착이 크다는 뜻이 되기도 하겠고요.

김형오 그런가요? 하여간 그러다가 이스탄불 다시 다녀온 뒤 출판사에 더 이상 찍지 말아달라고 했습니다. 아무래도 이것저것 보강하고 보완해서 개정판을 내야겠다고 말이죠.

QR 코드로 무장한 책

김병준 이제 이야기를 맺을 때가 된 것 같습니다만, 이쯤에서 정치하는 분들에게 한마디 해 주십시오.

김형오 책임이 큰 사람이 무슨 말을 하겠어요. 늘 비전과 희망을 제시하고, 버릴 것은 과감하게 버리고 양보할 것은 양보했으면 하는 마음만 전해 놓자. 버리고 양보하면 존재감을 상실할 것 같지만 그렇지 않습니다. 심청이 아버지를 위해 인당수에 뛰어들 듯 국민을 위해 나를 희생시키면 됩니다. 하도 비판만 받으니까 그런 큰 생각 자체를 못하는 것 같습니다.

김병준 돌아보면 늘 새로운 생각을 해 오신 것 같아요. 지금도 잊히지 않는 것이 정보통신정책에 대한 열정입니다. 1990년대 초부터 천착하며 이 분야 발전에 큰 족적을 남기셨습니다.

김형오 1992년에 국회의원이 되었습니다. 상임위를 골라서 갈 수 있는 입장이었는데, 일부러 비인기 상임위인 교통체신위원회로 갔습니다. 정보통신이 중요하다는 생각 때문이었고, 이후 오랫동안 이 분야 상임위에 있었습니다. 1996년에는 전체 국회의원을 상대로 인터넷에 관한 강의를 하기도 했습니다. 인터넷이 뭔지조차 잘 모를 때였죠.

김병준 그래서 그런지 《술탄과 황제》도 첨단입니다. QR 코드가 잔뜩 찍혀 있습니다. 휴대폰 앱으로 찍으면 관련 자료로 바로 연결되는 것인가요?

김형오 그렇습니다. QR 코드를 찍으면 사진 지도 그림 등 360여 개의 관련 이미지를 볼 수 있습니다. 이미지마다 다 설명이 붙어 있고요.

김병준 늘 새롭게 살아가는 이러한 모습이 보기 좋습니다. 오늘 대단히 감사합니다.

정동채

《봉정암에서 바티칸까지》, 순례길 걷는 '전직' 정치인

정치에 끌려다니기에는
다음 생에 대한 생각이
너무 무섭다.

인상과 말투에서 구도자(求道者)의 모습이 보였다. 국회의원을 세 번이나 하고, 두 분의 대통령을 지근거리에서 모셨던 기자 출신 정치인의 모습이 아니었다. 오랜만에 만난 정동채 전 문화부 장관, 그는 그렇게 느껴졌다.

그는 독실한 가톨릭 신자이다. 한때 신부가 되기로 마음을 먹기도 했다. 그러나 절에 다니길 좋아하고 스님의 말씀에 귀를 기울인다. 이런 그를 법정 스님은, 천주교를 믿으면서 불교를 공부하는 사람이라는 뜻의 '천불종 신자'라 불렀다. 뿐만 아니다. 이슬람과 힌두교에도 남다른 관심을 가지고 있다.

정치 일선에서 물러난 지금, 그의 종교적 성찰은 더 깊어진다. 그의 책《봉정암에서 바티칸까지》의 제목처럼 그는 길고도 긴 순례길을 걷고 있다. 자신과 세상에 대한 근본적인 질문을 던지며. "다음 생에 대한 생각이 너무 무섭다"는 그를 서울 프레스센터에서 만났다.

신부가 되고 싶었던 청년

—

김병준 광주와 서울, 주로 어느 쪽에 계시나요?

정동채 광주에서 지내면서 지역사회에 보탬이 될 일이 있으면 거들곤 합니다.

김병준 주로 어떤 일들인가요?

정동채 이를테면 아셈(ASEM, 아시아-유럽 정상회의) 문화장관회의가 광주서 열렸습니다. 이를 지원하기 위한 범시민위원회가 조직되었는데, 그 회장을 맡아 일했습니다. 아시아 문화중심도시 조성 지원 포럼의 회장을 맡기도 했고요. 또 지역 트러스트 운동에 관여하고 있기도 합니다.

김병준 지역 트러스트 운동? 내셔널트러스트 운동의 지역판 같은 건가요?

정동채 그렇습니다. 광주 양림동 일대의 고택과 교회 등을 중심으로 지역의 문화유산을 복원하고 가꾸고 관리하는 시민활동입니다. 대구에도 계산동을 중심으로 계산성당과 청라언덕 등의 문화유산들이 있지 않습니까. 한번 둘러봤는데 정말 잘 되어 있었습니다. 광주도 좀 늦었지만 이런 일을 해 보고자 합니다.

김병준 정치를 그만두고도 지역사회에 남아 헌신하는 게 보기가 좋습니다.

정동채 광주를 기반으로 정치를 했습니다. 또 문화관광부 장관 시절, 광주를 아시아 문화중심도시로 조성하는 사업이 시작되었습니다. 이래저래 책임을 져야 할 부분이 있습니다.

김병준 자, 이제 본론으로 들어가 볼게요. 오늘 모신 것은 사실 종교 순례자 또는 신앙인으로서의 이야기를 듣고 싶어서입니다. 기자와 정치인으로서의 치열한 삶을 사신 분으로서는 좀 특이하다는 생각을 했었거든요. 2014년에 쓰신 신앙서적 《봉정암에서 바티칸까지》를 읽고 꼭 한번 뵙고 싶었습니다.

정동채 글쎄, 무슨 이야기를 드릴 수 있을지 부담이 됩니다.

김병준 우선, 가톨릭 신앙이 깊은 것으로 알고 있습니다.

정동채 어렸을 때 아버지를 따라 귀의했습니다. 한때는 신부(神父)가 되기로 마음먹기도 했었죠. 하지만 아버지가 딸 여섯에 아들이 하나, 제가 외아들이어서 반대가 심해서 어쩔 수가 없었습니다. 그래도 포기할 수 없어 결혼이 허락되는 성공회 신부가 될까 했습니다. 그래서 성공회의 박요한 신부를 찾아뵌 적도 있어요.

김병준 언제 때 이야기인가요?

정동채 군대 생활을 할 때였습니다. 휴가를 나와서 그렇게 찾아갔지요. 대학 2학년 휴학 중이었는데 제대 후에는 미가엘신학원, 즉 지금의 성공회대학교로 간다는 생각을 했습니다.

김병준 하지만 결국 신부가 아닌 기자가 되었습니다. 또 정치인이 되었고요.

정동채 그렇게 되었습니다. 신학보다 예쁜 여학생들 쪽으로 마음이 더 팔려버려서…. (웃음) 대신 합동통신(1980년 연합통신과 통합) 기자가 되었습니다. 그러나 몇 년 못 가 해직되었고, 해직 후 미국에 가 있다가 1982년 미국으로 망명 온 김대중 선생을 만나 인연을 맺었습니다.

인권문제연구소를 만들면서 부터였죠.

김병준 그 뒤 다시 기자로 복귀했던 것으로 알고 있습니다.

정동채 1988년『한겨레신문』창간에 참여하면서죠. 국방부와 여·야당 출입도 하고 여론매체 부장에다 논설위원 등을 지냈습니다. 그러다 1993년 김대중 선생이 아태평화재단을 만들면서 비서실장을 맡게 되었습니다. 이어 국민회의를 만들고 그 당의 총재가 되면서 그대로 당 총재 비서실장이 되었습니다. 그리고 1996년에 국회의원이 되었죠. 뜻하지 않게 정치를 하게 된 것입니다.

김병준 2002년 대선에서 노무현 대통령 후보 비서실장도 하셨습니다. 두 대통령의 측근, 아니 측근 중의 측근이었던 셈입니다.

정동채 노무현 대통령 후보 비서실장의 경우 그게 인연이 되어 장관도 했습니다. 어찌 보면 이삿짐 따라다니는 강아지처럼 졸졸 따라다닌 셈입니다. 측근이라기보다는 말이죠. 그러는 과정에 영광도 있고 좌절도 있었습니다.

그리스도와 붓다(佛)

—

김병준 정치를 하는 동안에도 종교에 대한 관심을 놓지 않았던 것 같습니다.

정동채 세상 곳곳에 사는 사람들의 삶을 이해하고 싶었습니다. 그 좋은 방법 중의 하나가 종교를 아는 것이라 생각했습니다. 게다가 '실패한 전생(前生)'에 대한 생각이 있었습니다. 이생에서도 실패하고 있지만. (웃음)

김병준 실패한 전생이라뇨?

정동채 지옥이 뭔가요? '땅 지(地)'자에 '옥(獄)', 땅의 감옥이죠. 이 세상이 지옥입니다. 영혼을 잘 닦아서 붓다(佛)가 되면 다시 몸을 받아 이 세상에 나오지 않는다고 합니다. 열반의 상태에 이르는 것이죠. 우리는 그러지 못했으니 다시 학습하기 위해 이 땅에 나와 살고 있습니다. 물론 훌륭한 보살은 중생을 구하기 위해서 이 땅에 다시 온다고 합니다. 하지만 대부분은 그렇지 않습니다.

김병준 불교 이야기 아닌가요?

정동채 엘리자베스 퀴블러 로스(Elizabeth Kubler Ross)의 책 《사후생(On the Life after Death)》을 한 번쯤 읽어도 좋습니다. 임상실험과 최면을 통해 전생을 살피는 정신의학자입니다. 물론 불교에서도 욕지전생사(欲知前生事) 금생수자시(今生受者是)고, 욕지래생사(欲知來生事) 금생작자시(今生作者是)라 했습니다. 이생에서 받는 것을 보면 전생을 알 수 있고, 이생에서 하는 일을 보면 내생이 어떨지 안다는 뜻이죠.

김병준 가톨릭 신자이신데, 가톨릭 교리에만 머물러 있지 않은 것 같습니다.

정동채 법정 스님이 농(弄)으로 하신 표현을 빌리자면 '천불종' 신자입니다.

가톨릭 신자이면서 불교를 공부하고, 불교를 믿으면서 천주교리를 공부하는 사람들을 일컫는 말이죠. 우리가 잘 아는 외국 승려 현각 스님이 그렇고, 프랑스 철학자 알렉산드르 졸리앙(Alexandre Jollien), 생물학자로 티베트 승려가 된 마티유 리카르(Matthieu Ricard) 등이 그렇습니다.

김병준 교리가 서로 부딪치지 않나요?

정동채 공부를 할수록 오히려 궁극적인 합일을 느낍니다. 기독교·불교·힌두교 등 역사성을 지닌 종교가 다 그렇습니다. 모두 사랑과 자비, 그리고 지혜를 이야기합니다. 이슬람도 마찬가지. 극단적인 무장세력을 제외하고는 이 지점에서 다 만나게 됩니다.

김병준 그럼에도 불구하고 종교로 인한 갈등이 적지 않습니다.

정동채 프란치스코 교황께서 말씀하셨습니다. 다른 종교를 가진 사람에게 개종을 요구하지 말라고. 달라이라마 또한 그렇게 말씀하셨습니다. 에베레스트를 오르는 길은 여러 개가 되겠지만 정상은 하나입니다. 다른 종교를 못마땅해야 할 이유가 없습니다.

김병준 내가 다니는 절에서는 초파일 때 스님이 '아베 마리아'를 부릅니다. 그렇다고 부처님께 죄를 짓는다고 생각하지도 않고, 기독교 신앙이 더 위대해서 그런다고도 생각하지 않습니다.

정동채 대구의 정홍규 신부께서는 매일 108배를 한다고 합니다. 신도들이 뭐라 하니까 108배는 안 하시겠다고, 대신 109배를 하시겠다고…. (웃음) 신문에서 읽은 이야기입니다. 이런 자세와 노력이 오히려 우리의 인생을 더욱 풍요롭게 하고, 내 삶을 더욱 맑게 한다고 생각합니다.

김병준 《봉정암에서 바티칸까지》를 읽으면서 종교 간의 이질적인 면보다는 동질적인 면을 찾아가기 위해 노력하고 계시다는 인상을 강하게 받았습니다. 특히 책의 마지막 장 〈도마복음〉 부분은 감명 깊었습니다. 여러 종교의 동질성을 발견하고 정말 기쁜 마음에 쓰신 것 같았어요.

정동채 〈도마복음〉은 그리스도교의 정경(正經)은 아닙니다. 하지만 읽으면서 좋은 의미의 충격을 받았습니다. 색불이공(色不異空) 공불이색(空不異色) 색즉시공(色卽是空) 공즉시색(空卽是色), 색 안에 공이 있고 공 안에 색이 있다. 유(有)가 있으니 무(無)가 있고 손이 있으니 손바닥이 있다. 그리스도의 가르침과 부처의 가르침이 궁극적으로 같다는 것을 확인할 수 있었습니다.

천당 가는 사람, 못 가는 사람

—

김병준 책 제목만 봐도 알 수 있지만, 종교적 문화유산이나 유적들을 찾아 순례를 계속하고 계신 것 같습니다.

정동채 그런 편입니다. 국내외를 가리지 않습니다.

김병준 순례를 하면 어떤 마음이 되는지 궁금합니다.

정동채 나를 대면한다고 할까. 이 세상에 나와 어떤 폐를 끼치고, 또 어떤 은혜를 입었는지를 생각합니다. 죽을 때 후회가 없어야 할 텐데… 어떤 생각에 끌려다니며 살았는지, 또 무엇을 추구하며 살아야 하는지를 묻습니다.

김병준 그렇게 자기를 돌아보기보다는 복을 빌기 위해 교회나 절을 찾는 사람들이 많습니다.

정동채 복이란 게, 또 복을 빈다는 게 허무하죠. 내 경우만 해도 5·18 나흘 전에 결혼했습니다. 큰 복을 받은 셈이죠. 그런데 얼마 있지 않아 언론 검열폐지 운동을 하다가 남영동(중앙정보부 분실)에 끌려가 사직서를 쓰고 풀려났습니다. 고문기술자에게 '초벌구이'까지 당했어요. (웃음) 영원히 가는 복이 없습니다. 오히려 내 영혼을 잘 닦는 것이 중요하죠.

김병준 어떻게 닦나요?

정동채 부처나 그리스도와 같은 분들의 말씀대로 사는 것이죠. 어려운 사람을 돕고, 서로 아끼고 사랑하고, 또 봉사하고.

김병준 사실 그게 바로 기도 아니겠습니까?

정동채 〈마태복음〉 25장 31절에 어떤 사람이 천당 가는지가 나옵니다. 새벽기도와 부흥회 많이 가고, 고해성사 잘하고 방언할 줄 아는 사람이 천당 가는 것 아닙니다. 굶주리고 헐벗은 사람을 돕고, 고초당하는 사람에게 자비를 베푼 사람이 천당에 갑니다. 부처님 말씀도 똑같습니다. 육바라밀, 즉 보시(布施)·지계(持戒)·인욕(忍辱)·정진(精進)·선정(禪定)·지혜(智慧)의 여섯 가지 수행을 해야 열반할 수 있다는 것 아닙니까. 굳이 말하자면 복은 자신을 닦고 베풀면서 스스로 짓는 것이지 빌어서 받는 게 아닙니다.

김병준 쓰신 책의 한 부분이 생각납니다. 세례자 요한에게 회개를 어떻게 하느냐 물으니까 세례자 요한의 말씀이 "속옷 두 벌을 가졌으면 그 한 벌을 없는 자에게 주라"고….

정동채 이런 가르침을 실천하는 것이 기도입니다. 그런데 우리는 이 제대로 된 기도를 잘하지 않습니다. 종교방송이나 종교기관들도 이를 가르치지 않아요. 그러니 팔공산 가서, 또 아니면 교회에 와서 복을 달라고 애원합니다.

김병준 우리의 신앙이 서낭당의 기복신앙을 크게 벗어나지 못했다는 생각이 들 때가 있습니다.

정동채 매주 교황의 말씀을 듣습니다. 줄기차게 자비를 말씀하시죠. 이웃에 대한 사랑, 난민에 대한 관심, 성소수자에 대한 관심을 끊임없이 이야기하십니다. 이를 실천하지 못하는 종교지도자에 대한 경고도 하십니다. 모든 신앙인이 귀를 기울여야 할 말씀입니다.

신앙과 정치 사이에서

—

김병준 정치가 험합니다. 이렇게 성찰적 지성을 가진 분이 어떻게 적응할 수 있었나요?

정동채 주로 비서실장 등 중요한 기획을 하고 눈에 보이지 않는 역할을 하는 일을 많이 했습니다. 자기 홍보를 해야 하는 정치인들과는 역할이 좀 달랐죠.

김병준 그래도 정치는 정치다. 잘 안 맞는다고 생각한 적 없나요?

정동채 고달픈 적도 많았습니다. 하지만 기본적으로 기자 생활을 하면서 익힌 성실성이 있었던 것 같아요. 또 정치부 기자 출신이라 정무감각도 어느 정도는 있었던 것 같아요.

김병준 2002년 대선 때 가까이서 지켜볼 기회가 있었습니다. 참 잘하신다고 생각했습니다.

정동채 고생 많이 했죠. 말로 사고를 치시는 분이니까. (웃음) 일례로 영남대학에 강연을 갔는데, 학생 한 명이 미국 갔다 왔나 물었죠. 그러자 "안 갔습니다. 와요? 안 가면 반미입니까?" 혼자서 자문자답을 하시는데 그래도 여기까지는 괜찮았습니다. 그런데 그 뒤에 다시 "반미면 안 됩니까?" 야단이 났어요. 당에서도 후보 교체론이 나오고. (다 같이 웃음)

김병준 기억납니다. 그때 정말 고생 많으셨습니다.

정동채 영 못나지 않았으니 두 분 대통령께서 발탁해 주신 것 아니냐는 생각이 드네요. (웃음)

김병준 다시 정치할 생각은 없나요?

정동채 살날이 얼마 남지 않았습니다. 거룩한 죽음을 맞게 하소서라고 매일 기도하면서 잠이 들죠. 정치에 끌려다니기에는 다음 생에 대한 생각이 너무 무섭습니다. 제대로 못 살았으니 다시 몸을 받아 세상에 올 것 아닌가? 그 생에서는 어떤 학습을 해야 할까? 또 그것을 위해 이생에서는 무엇을 해야 할까?

김병준 오늘 감사합니다. 늘 건강하십시오.

정두언

발표 음반 네 개, '복면가왕' 꿈꾸었던 3선의 국회의원

누가 음반을 만들어 시장에 내보내자고 했다.
잘 될 수 있나 보다 하고 4집까지 갔다.
지금 생각해 보니 속은 것 같다. (웃음)

정치인 정두언은 권력의 중심에 있는 사람과 늘 겨루어왔다. 옳은 일이라고 생각하면 상대가 누구든 아프게 찌르는 게 그의 특기다. 듣는 사람은 통쾌하지만 화를 부르기도 했다. 억울한 옥살이가 대표적이다. 그를 좋아하는 사람은 '살아있는 양심'이라 칭찬하고, 그렇지 않은 사람은 '너무 튄다'고 이야기한다.

'흙수저' 출신으로서 경기고와 서울대를 나왔고 대학 때 고시를 통과했다. 정무장관실, 총리실에서 잘나가는 공무원 생활을 했고 2000년 국회의원에 도전했다가 낙마했다. 그 뒤로 이명박 전 대통령과 인연을 맺어 이명박(MB) 정권 개국공신이 됐다. 국회의원만 세 번을 했다. 그러나 2016년 총선에서 다시 패배의 쓴잔을 마셨다.

낙선 후 그는 방송진행자로 변신했다. 보컬 리더, 탤런트 지망생, 가수 등 과거의 이력을 보면 놀라운 일이 아니었다. 쉴 새 없이 달려가는 그의 인생에 또 다른 한 장막이 열린 것이다. 하지만 이것은 오래가지 않았다. 억울한 옥살이, 낙선, 그리고 이혼 등의 어려움이 있어서였을까. 2019년 그는 오랫동안 지니고 있었던 우울증을 이기지 못한 채 북한산 자락의 어느 숲 속에서 스스로 목숨을 끊고 말았다.

이 〈대담〉은 그가 세상을 떠나기 3년 전에 이루어졌다. 서울 태평로 프레스센터에서 만난 그는 자신의 이야기든, 전·현직 대통령에 관한 이야기든 거침이 없었다. 그러면서도 '외롭고 두렵다'고 했던 〈대담〉 마지막의 말, 그 말이 떠올라 가슴이 더 아프다.

낙선 소감

—

김병준 지난 20대 총선에서 낙선하셨습니다. 어떤 기분인지 좀 들어보고 싶습니다.

정두언 담담하죠. 이렇게 이야기하면 다들 실제로 안 그런데 그런 척한다고 생각할지 모릅니다. 그런데 정말 담담해요. 오히려 지지자를 포함한 주변 분들이 힘들어합니다. 그게 걱정입니다.

김병준 그러기 힘든데, 혹시 국회의원 말고 다른 할 일이 있어서 그런가요?

정두언 굳이 말하자면 몇 가지 이유가 있습니다. 우선 최근 몇 년간 세상의 밑바닥까지 가 봤습니다. 억울한 옥살이까지 하지 않았습니까. 그래서 웬만한 일은 다 받아들입니다. 다들 밀리는 게 겁나고, 외로운 게 겁이 나서 전전긍긍하는데 나는 이 점에서 내성이 좀 생겼습니다.

김병준 또 다른 이유는?

정두언 우스갯소리 하나 할게요. 서울시내에서 사주나 점을 보는 사람이 제일 많은 곳이 내 지역구인 서대문입니다. 이분, 저분이 수시로 내 미래를 봐 주는데 하나같이 4월 13일, 즉 선거일을 길일이라 했습니다. 알 수 있나요, 이게 진짜 길일인지. 말하자면 더 잘되려고 떨어진 건지. (웃음) 사실 그전에도 그런 적이 있었습니다.

김병준 언제 말인가요?

정두언 2000년 총선 때 공무원 하다 후다닥 쫓아 나와 출마했는데 보기 좋게 떨어졌지요. 퇴직금만 다 날렸습니다. 그런데 몇 년 후 서울시 부시장이 되었어요. 그게 인연이 되어 당시 시장으로 모셨던 MB의 측근이 되어 한동안 세상을 시끄럽게 하기도 했습니다. 사람 일 모릅니다. (웃음)

김병준 하기는 전화위복(轉禍爲福)이란 말도 있지 않나요. 아닌 게 아니라 벌써 새 일을 시작했더군요.

정두언 낙선한 김에 하고 싶은 일 좀 했으면 했는데, 바로 방송을 시작하게 되었습니다. 'TV조선'에서 김유정 전 의원과 함께 월요일부터 금요일까지 매일 90분간 생방송을 진행합니다. 방송 초보자에게는 과분한 일이죠. 자료 보고 회의하고 메시지 준비하고…. 바쁘죠. 하루 종일 매달려야 하는 일입니다.

김병준 전문성과 경험이 있으십니다. 게다가 '끼'도 있습니다. 잘할 것 같아요. 이길로 가는 것 아닌가요?

정두언 공무원으로 20년, 정치인으로 15년, 그리고 이제 방송을 하게 되었습니다. 여기서 잘해서 인생 3모작으로 가고, 그래서 송해 선생 후계자라도 되면 더 이상 바랄 게 없겠습니다. (웃음)

김병준 욕심이 과한 것 아닌가요. (웃음) 송해 선생같이 되는 것은 대한민국 국민 모두의 로망입니다.

정두언 윤형주 선생도 있습니다. 70세나 된 분이 청바지 입고 기타 치며 노래하고 강의합니다. 사람들에게 메시지와 감동을 줍니다. 가끔

씩 이렇게 생각합니다. 이분이 평탄하게만 살았다면 이럴 수 있었을까? 청년 시절 최정상에 올라가 보기도 하고, 감옥에 가면서 한 순간에 나락으로 떨어져 보기도 하고…. 그러면서 인생을 다진 결과 아니겠나? 뭐든 그냥 얻어지는 게 아닙니다. 낙선한 것, 그래서 더욱 담담하게 받아들입니다.

가수 정두언

—

김병준 원래 정치를 하고 싶었나요?

정두언 나는 기억이 나지 않는데, 아내(전처) 말이 결혼하기 전부터 국회의원이 되고 싶다고 말했다고 하네요.

김병준 일종의 잠재된 꿈이었나 보네요.

정두언 어린 시절 친척 어른 집에서 더부살이를 했습니다. 나는 큰아버지라 불렀고, 아버지가 운전기사를 했는데 그가 바로 제7대 국회부의장을 지낸 정성태 의원*이십니다. 어린 나에게 큰아버지는 우상이었죠. 사람들로부터 존경받고 잘 생기고 청렴하고…. 큰아버지에 대한 그런 기억이 정치를 하겠다는 생각을 만든 게 아니었을까요?

* 정성태 의원은 3대부터 8대까지 6선 국회의원으로서 제7대 국회부의장을 지냈다. 1964년 한일

협정 비준에 항의하며 국회의원직을 사퇴했다. 이후 3선 개헌을 반대하며 광주에서 서울까지 침묵 도보시위를 하는 등 박정희 대통령의 집권연장에 강력히 저항하기도 했다. 김대중이라는 새로운 리더가 나타나기 전까지 호남정치의 중심인물이었다.

김병준 정치인이기 전에 노래와 연기 등에 대한 꿈도 컸던 것으로 알고 있습니다. 실제 음반 취입도 했고요.

정두언 노래는 고등학교 때 그룹 활동을 하면서 시작했습니다. 대학에서도 록밴드를 결성해 활동했습니다. 음반 취입은 서울시 부시장 때의 일이죠. 평소 '우리는 왜 모든 행사를 그냥 밋밋하게 할까' 하는 생각이 있었어요. 그러면서 내 퇴임식은 좀 다르게 해 보자는 생각을 했습니다. 예컨대 내가 노래를 한 곡 멋있게 부르고… 아무튼 그런 생각으로 다시 노래를 하게 되었습니다.

김병준 그게 음반 취입까지 이어졌다는 이야기인가요?

정두언 노래 연습을 하는 과정에서 누가 음반을 만들어 시장에 내보내자고 했습니다. 그래서 잘될 수 있나 보다 하고 4집까지 갔지요. 지금 생각해 보니 속은 것 같아요. (웃음) 정치인이 노래를 하면 누가 노래로 듣겠습니까. 홍보용 이벤트를 한다고 생각하지. 흥행에는 실패했습니다.

김병준 모두 4개 내었던가요?

정두언 2003년에 1집인 〈정두언과 함께 떠나는 추억의 팝송〉, 2005년에 2집인 〈두 바퀴로 가는 행복〉, 2006년에 3집인 〈베스트 앨범〉, 그리고 2014년에 제4집 〈희망〉, 그래서 네 개죠.

김병준 그 중 몇 개는 나도 가지고 있는 것 같은데….

정두언 주변에 뿌리기는 꽤 뿌렸어요. 선거법에 저촉되지 않는 범위 내에서. 그런데 통 들어보는 것 같지도 않아요. 인사로 들어보았다고들 하는데 믿을 수가 없어요. 조금 이야기해 보면 안 들어본 걸 금방 알 수 있어요. 팝송을 불렀는지, 우리 가요를 불렀는지도 몰라.

김병준 어째, 좀 찔리네.

정두언 괜찮아요. 어차피 스스로의 흥으로 한 것이니까.

김병준 그래도 누가 사주기도 했을 것이고….

정두언 그나마 조금 팔린 것은 심장병 어린이들을 위한 일 등에 다 보탰어요. 제4집의 제목의 〈희망〉 아닙니까. 정말 이 사람 저 사람 모두 희망을 가지고 살 수 있었으면 좋겠어요. 어렵고 힘든 아이들도 당연히 그래야 하고요. 그런 마음으로 조금이라도 보내는 거죠. 정치하면서 제일 괴로운 것 중의 하나가 누구에게도 희망을 잘 못 준다는 거예요. 참으로 딱하고 부끄럽습니다.

김병준 어쨌든 이렇게 음반을 내고 한 것이 계기가 되어 〈콘서트 7080〉과 〈열린음악회〉에도 나갔었잖아요.

정두언 그뿐만 아니라 공연도 여러 번 했지요. 지금도 노래하는 것을 좋아합니다. 또 하고 싶습니다. 얼마 전에도 〈걱정 말아요 그대〉 등의 노래로 〈복면가왕〉에 나가려고 했습니다. 노래까지 다 준비했는데, 선거법상 할 수 있는 시한을 넘겨 못 나갔어요. 대신 이걸 선거 로고송으로 썼습니다. 당연히 직접 불렀죠.

연기자 정두언

—

김병준 TV 탤런트를 하겠다고 나서기도 했던데요.

정두언 1987년 나이 서른 살 때의 일이죠. 우선 공무원 생활이 잘 맞지 않았습니다. 규칙과 규격에 맞추어야 하고, 천편일률적이고…. 때로는 숨이 막힐 지경이었습니다. 심지어 아프리카 용병으로 지원할까 생각하기도 했습니다.

김병준 공무원들 복장자유화가 이루어지자 며칠 후 바로 빨간테 안경에 멜빵바지를 입고 출근했다는 이야기를 들었습니다. 그만큼 답답했다는 말 아닌가요. 주변의 공직자들도 눈을 의심했을 거고요.

정두언 더 중요한 건 친구들에게 미안하고 세상에 미안했습니다. 그들이 민주화운동을 하다가 군대 끌려갈 때 나는 고시공부를 했고, 권위주의로 모든 국민이 숨 막혀 하는 상황 속에서 나는 공무원을 하고 있었습니다. 그렇지 않아도 답답한 공무원 생활이 더 답답해졌어요.

김병준 그래서 때려치우고 탤런트가 되려고 했나요?

정두언 그 이전에 공무원을 '멋있게' 그만두겠다는 생각을 했습니다. 종합청사 옥상에 올라가서 권위주의 독재정권 연장을 반대하는 현수막을 내려뜨릴 계획을 세웠습니다. 그런데 이게 쉬운 일이 아니었어요. 물리적으로 누군가의 도움 없이는 불가능한 일이었는데 결국 동조자를 구하지 못했습니다. 그러니 어쩌겠습니까. 그냥 그만 두고 하고 싶은 일을 하는 수밖에.

김병준 그래서 어디까지 갔나요?

정두언 TV 탤런트 공개모집에 응모했습니다. 이것저것 다 통과했지만 최종 면접에 가지 못해 뜻을 이루지 못했습니다. 친구와 이 문제를 상의한 적이 있었는데 친구가 배신을 해 이를 아내에게 일러바쳤어요. 결국 가족들에게 '억류'되어 최종 면접을 못 간 거죠.

김병준 지금도 하고 싶을 것 같네요.

정두언 하고 싶습니다. 악역을 멋있게 해 봤으면 좋겠습니다. 악역이 잘 어울릴 것 같고, 또 그래야 대중성이 높아질 것 같습니다. 나이가 많다는 게 흠인데, 한편으로는 이 연령대의 연기자가 그리 많지 않습니다. 잘하면 틈새시장을 뚫을 수 있을 것 같아요.

김병준 계속 준비하고 공부도 하고 있다는 말 아닌가요?

정두언 무죄를 받고 나오긴 했지만 감옥 생활을 10개월 했습니다. 출소 후에도 약 1년간 재판이 계속되었어요. 참으로 외로운 생활을 했습니다. 혼자 공원을 다니고 산을 오르기도 하고…. 그러면서 연기공부를 했습니다. 노래는 늘 하는 것이고.

김병준 노래와 연기 중 어느 것이 더 어려운가요?

정두언 연기가 더 어려워요. 에너지가 많이 들어갑니다. 한 시간 정도 하고 나면 현기증이 날 정도죠. 연기하는 분들 정말 대단하다고 생각합니다.

김병준 역할이 주어지면 잘할 수 있다고 생각하나요?

정두언 아마추어로서는 좀 한다고 하지만 프로에 비할 바는 아니죠. 그러나 꼭 잘해야만 감동을 주는 게 아닙니다. 노래도 연기도, 그리고 인생도 정치도 자기다울 때 더 큰 감동을 줄 수 있습니다. 그런 점에서 분명 내가 할 수 있는 영역이 있다고 생각합니다.

김병준 인생도 정치도 그렇다? 정말 중요한 이야기입니다.

정두언 얼마 전, 106세의 나이로 작고한 해리 리버만(Harry Lieberman)이라는 화가가 있습니다. '미국의 샤갈'이라는 말을 들을 정도로 평판이 높은 화가였죠. 평생 빵과 과자를 만들어 팔다 은퇴한 후 80이 가까운 나이에 노인 클럽에 가입했죠. 그곳에서 외로움을 이기기 위해 그림 공부를 하게 되었는데 선생님이 유독 그에게만 잘 가르쳐 주지를 않는 겁니다. 리버만이 이유를 물었어요. "왜 나에게는 아무 말을 안 해 주는 거요. 내가 유태인이라 그러는 거요?" 그러자 선생님이 대답했습니다. "이미 자신의 그림을 그리고 계시잖아요."

김병준 자기 자신다운 것 이상이 없다?

정두언 이후 리버만은 죽을 때까지 26년간 자신의 '원시 스타일(primitive style)' 그림을 계속 그렸고, 그것으로 많은 사람들에게 감동을 주었지요. 잘해서가 아니라 제대로 된 자기다움이 중요하다는 말 아니겠습니까?

자기다움의 정치

—

김병준 정치인 정두언에게는 분명 '정두언'다운 면이 있습니다. 노래와 연기를 하고 싶은 정치인이어서가 아닙니다. 스스로 옳다고 믿는 것을 좀처럼 양보하지 않는, 그래서 스스로 '왕따'가 되는 면이 있는 것 같습니다. 쉽게 말해 고분고분해 보이지 않는 거죠.

정두언 집사람에게는 고분고분합니다. (웃음) 그런데 정치하면서 그렇게 하지 못했습니다. 체질상 그렇게 할 수가 없었습니다.

김병준 그러니 MB 대통령 만들기의 일등 공신임에도 집권 기간 동안 별 재미를 못 봤지요. 오히려 중심 세력으로부터 '왕따'가 되었습니다. 왜 그렇게 되었나요?

정두언 안 해도 될 말을 자주 하다 보니 그렇게 되었습니다. 일례로 18대 국회의원 공천하면서 65세 이상은 공천하지 않기로 했습니다. 그런데 MB의 형님인 이상득 의원은 70세가 넘는데도 공천을 한다는 것입니다. 그래서 "그런 게 어디 있느냐"고 했죠. 그때 이상득 의원이 나의 후원회 회장이었습니다. 그런데도 그렇게 말할 수밖에 없었어요.

김병준 그럴 수밖에 없었다는 것은?

정두언 말 안 하면 두고두고 후회할 것 같았습니다. 나를 용서하지 못할 것 같았습니다.

김병준 그 일로 시끄러웠던 기억이 납니다. 그야말로 '살아있는 권력'을 때리는 일이었죠. 두렵지 않던가요?

정두언 솔직히 무서웠습니다. 사지가 다 떨렸어요. 실제로 이 일로 완전히 고립되었습니다. 몇 사람이 찾아와 진의가 그게 아니라고 해명하라고 했습니다. 하지만 며칠 뒤 의원총회에 나가 다시 말했어요. 내가 손해 보는 것은 참아도 사리에 맞지 않는 것은 못 참는 성격입니다.

김병준 박근혜 정부에 대해서도 쓴 소리를 멈추지 않고 있지요.

정두언 말이 안 되는 일이 계속 벌어지니까 그렇죠. 그런데도 다들 말을 잘하지 않아요. '벌거벗은 임금님' 이야기처럼 임금님이 벌거벗었는데 아무도 벌거벗었다고 하지 않아요. 그래서 "벌거벗은 것 맞잖아!" 했더니 싫어하는 것이죠.

김병준 지금도 두려운가요?

정두언 두렵고 외롭습니다. 하지만 함부로 휩쓸려가지 않으려 합니다. '정두언'다운 정치를 했으면 합니다. 그러려면 내공을 더 쌓아야 하죠. 외로움과 두려움을 이겨내는 힘을 길러야 합니다.

김병준 오늘, 또 한 번의 거침없는 말씀, 감사합니다.

one+α의 삶, 김병준의 그 사람

글 김병준 | **발행인** 김윤태 | **발행처** 도서출판 선 | **편집 · 교정** 김창현 | **북디자인** 디자인이즈
등록번호 제15-201 | **등록일자** 1995년 3월 27일 | **초판 1쇄** 발행 2021년 9월 30일
주소 서울시 종로구 삼일대로 30길 23 비즈웰 427호 | **전화** 02-762-3335 | **전송** 02-762-3371

값 25,000원
ISBN 978-89-6312-606-7 13300